suhrkamp taschenbuch 640

Bertolt Brecht wurde am 10. Februar 1898 als Sohn eines Papierfabrikanten in Augsburg geboren. Am 14. August 1956 starb er in Ost-Berlin. 1933-1948 Emigration in Dänemark, Schweden, Finnland, den USA und in der Schweiz. Friedrich Dürrenmatt hat Brecht den größten Dramatiker unserer Zeit genannt. Das Gesamtwerk Brechts, u. a. *»Baal«; »Trommeln in der Nacht«; »Die Dreigroschenoper«; »Leben des Galilei«; »Der gute Mensch von Sezuan«; »Mutter Courage und ihre Kinder«; »Herr Puntila und sein Knecht Matti«; »Der kaukasische Kreidekreis«,* betreut der Suhrkamp Verlag.

Seit den Anfängen der Massengesellschaft im 19. Jahrhundert ist sie nicht mehr aus der ›lyrischen‹ Produktion wegzudenken: die Stadt. Vervielfältigung wie Zerstörung menschlicher Beziehungen, Befreiung von (dörflicher) Naturbornierung und Zerstörung natürlicher Bedürfnisse, kurz: Faszination und Grauen sind die Pole dieses genuin ›modernen‹ Motivs. Seine raffiniertesten Versionen verschränken beides: entdecken die Trauer des Berauschenden großer Städte und die Faszination noch ihres Unmenschlichen. Auch Brechts Stadt-Gedichte sind, obwohl gewiß das Trostlose und Unmenschliche akzentuierend, nicht ohne eine solche dialektische Kehrseite. Denn ihre gesellschaftliche Hoffnung wie ihre didaktische Maxime ist, daß »die tiefste Verzweiflung die Bedingung für die Rettung« ist – so Franco Buono, der diese Auswahl zusammengestellt hat. Buonos Nachwort hebt das Besondere von Brechts Stadt-Gedichten hervor und skizziert die Geschichte des Stadt-Motivs in Brechts Werk.

Der Herausgeber: Franco Buono (Benghasi 1939) lehrt Theatergeschichte an der Universität Bari. Veröffentlichungen: *Bertolt Brecht. La prosa dell'esilio* (1972); *Zur Prosa Brechts* (1973); *Modelli di realismo* (1978). Mitarbeiter der *studi germanici* und von *Das Argument.*

Bertolt Brecht
Gedichte für Städtebewohner

Herausgegeben
und mit einem Nachwort
von Franco Buono

Suhrkamp

suhrkamp taschenbuch 640
Erste Auflage 1980

Quellennachweis am Schluß des Bandes
Suhrkamp Taschenbuch Verlag

Satz: LibroSatz, Kriftel
Druck: Ebner Ulm · Printed in Germany
Umschlag nach Entwürfen von
Willy Fleckhaus und Rolf Staudt

Inhalt

VOM ARMEN B. B.

1
Ich, Bertolt Brecht, bin aus den schwarzen Wäldern.
Meine Mutter trug mich in die Städte hinein
Als ich in ihrem Leibe lag. Und die Kälte der Wälder
Wird in mir bis zu meinem Absterben sein.

2
In der Asphaltstadt bin ich daheim. Von allem Anfang
Versehen mit jedem Sterbsakrament:
Mit Zeitungen. Und Tabak. Und Branntwein.
Mißtrauisch und faul und zufrieden am End.

3
Ich bin zu den Leuten freundlich. Ich setze
Einen steifen Hut auf nach ihrem Brauch.
Ich sage: Es sind ganz besonders riechende Tiere
Und ich sage: Es macht nichts, ich bin es auch.

4
In meine leeren Schaukelstühle vormittags
Setze ich mir mitunter ein paar Frauen
Und ich betrachte sie sorglos und sage ihnen:
In mir habt ihr einen, auf den könnt ihr nicht bauen.

5
Gegen Abend versammle ich um mich Männer
Wir reden uns da mit »Gentlemen« an.
Sie haben ihre Füße auf meinen Tischen
Und sagen: Es wird besser mit uns. Und ich
    frage nicht: Wann?

6
Gegen Morgen in der grauen Frühe pissen die Tannen
Und ihr Ungeziefer, die Vögel, fängt an zu schrein.

Um die Stunde trink ich mein Glas in der Stadt aus
und schmeiße
Den Tabakstummel weg und schlafe beunruhigt ein.

7
Wir sind gesessen, ein leichtes Geschlechte
In Häusern, die für unzerstörbare galten
(So haben wir gebaut die langen Gehäuse des
Eilands Manhattan
Und die dünnen Antennen, die das Atlantische Meer
unterhalten).

8
Von diesen Städten wird bleiben: der durch sie
hindurchging, der Wind!
Fröhlich machet das Haus den Esser: er leert es.
Wir wissen, daß wir Vorläufige sind
Und nach uns wird kommen: nichts Nennenswertes.

9
Bei den Erdbeben, die kommen werden, werde ich
hoffentlich
Meine Virginia nicht ausgehen lassen durch Bitterkeit
Ich, Bertolt Brecht, in die Asphaltstädte verschlagen
Aus den schwarzen Wäldern in meiner Mutter in
früher Zeit.

O FALLADAH, DIE DU HANGEST!

Ich zog meine Fuhre trotz meiner Schwäche
Ich kam bis zur Frankfurter Allee.
Dort denke ich noch: O je!
Diese Schwäche! Wenn ich mich gehenlasse
Kann's mir passieren, daß ich zusammenbreche.
Zehn Minuten später lagen nur noch meine Knochen auf der
Straße.

Kaum war ich da nämlich zusammengebrochen
(Der Kutscher lief zum Telefon)
Da stürzten sich aus den Häusern schon
Hungrige Menschen, um ein Pfund Fleisch zu erben
Rissen mit Messern mir das Fleisch von den Knochen
Und ich lebte überhaupt noch und war gar nicht fertig mit
dem Sterben.

Aber die kannte ich doch von früher, die Leute!
Die brachten mir Säcke gegen die Fliegen doch
Schenkten mir altes Brot und ermahnten noch
Meinen Kutscher, sanft mit mir umzugehen.
Einst mir so freundlich und mir so feindlich heute!
Plötzlich waren sie wie ausgewechselt! Ach, was war mit
ihnen geschehen?

Da fragte ich mich: Was für eine Kälte
Muß über die Leute gekommen sein!
Wer schlägt da so auf sie ein
Daß sie jetzt so durch und durch erkaltet?
So helfet ihnen doch! Und tut es in Bälde!
Sonst passiert euch etwas, was ihr nicht für möglich haltet!

Auf dem Stadtweiher fahren sie stundenlang Kahn
Ich sehe das wirklich einfach mit Ekel an.
Kahn fahren, wenn man bis über den Hals verschuldet ist
In so einem Staatswesen, daß das überhaupt geduldet ist!

Ich rauche da nur und sehe auch nur so zu
Und denke mir meinen Teil, ich denke mir: nur so zu
Sie spielen auch Mundharmonika hierzulande
Mundharmonika spielen, und das Land seufzt unter der schwarzen Schande!

Ich denke da kalt, spielt nur weiter und fahrt nur weiter Kahn.
Ich spucke aus, ja, aber weiter geht's mich nichts an.
Ich sehe nur so zu schon seit einigen Jahren
Ich sehe haarscharf, wohin wir da fahren.

Die Bewohner von Orkney, heißt's in »Von Pol zu Pol«
Lebten davon, daß sie sich ihre Wäsche wuschen, jawohl
Nur so zu, nur so weiter gemacht noch einige Jahre
Die Assyrer und Babylonier sind ja auch Kahn gefahren.

BIDIS ANSICHT ÜBER DIE GROSSEN STÄDTE

1
Allenthalb sagt man es nackt:
Jetzt wachsen die Städte: zuhauf!
Und dieses Petrefakt
Hört nicht mehr auf.

2
Weil ich bekümmert bin
Daß dieser Menschheit abgeschmackt-
es Gewäsch zu lang in
Den Antennen hackt

3
Sage ich mir: den Städten ist
Sicher ein Ende gesetzt
Nachdem sie der Wind auffrißt
Und zwar: jetzt.

4
Freilich es leuchtet noch her
Wie's dein Papa noch sah
Doch das Gestirn Großer Bär
Selber ist nicht mehr da.

5
Also auch ist
Schon vergangen die Große Stadt
Was auch an ihr frißt
Es wird nicht mehr satt.

6
Sie steht nicht mehr lang da
Der Mond wird älter.
Du, der sie sah
Betrachte sie kälter.

Aber die Händelosen
Ohne Luft zwischen sich
Hatten Gewalt wie roher Äther.
In ihnen war beständig
Die Macht der Leere, welche die größte ist.
Sie hießen Mangel-an-Atem, Abwesenheit, Ohne-Gestalt
Und sie zermalmten wie Granitberge
Die aus der Luft fallen fortwährend.
Oh, ich sah Gesichter
Wie in schnell hinspülendem Wasser
Der abtrünnige Kies
Sehr einförmig. Viele gesammelt
Gaben ein Loch
Das sehr groß war.

Immer jetzt rede ich nur
Von der stärksten Rasse
Über die Mühen der ersten Zeit.

Plötzlich
Flohen einige in die Luft
Bauend nach oben; andere vom höchsten Hausdach
Warfen ihre Hüte hoch und schrien:
So hoch das nächste!
Aber die Nachfolgenden
Nach gewohnten Daches Verkauf fliehend vor
Nachtfrost
Drangen nach und sehen mit Augen des Schellfischs
Die langen Gehäuse
Die nachfolgenden.
Denn zu jener Zeit in selbiger Wändefalt
Aßen in Hast
Vier Geschlechter zugleich
Hatten in ihrem Kindheitsjahr

Auf flacher Hand den Nagel im Wandstein
Niemals gesehn.
Ihnen wuchs ineinander
Das Erz und der Stein.
So kurz war die Zeit
Daß zwischen Morgen und Abend
Kein Mittag war
Und schon standen auf altem, gewöhnetem Boden
Gebirge Beton.

Fragment

VON DEN RESTEN ÄLTERER ZEITEN

Immer noch steht zum Beispiel der Mond
Über den Neubauten die Nächte her
Unter den Dingen aus Kupfer
Ist er
Der Unbrauchbarste. Schon
Erzählen die Mütter von Tieren
Die Wägen zogen, Pferde geheißen.
Freilich in den Gesprächen der Kontinente
Kommen sie nicht mehr vor mit ihrem Namen:
An den großen neuen Antennen
Ist von alter Zeit
Nichts mehr bekannt.

IMMER NOCH, WENN SCHON DER ACHTE AUTOTYP

Immer noch
Wenn schon der achte Autotyp
Auf dem alten Eisen des Fabrikfriedhofs liegt
        (R. I. P.)
Stehen die Bauernkarren aus der Lutherzeit
Fahrbereit unter dem Moosdach.
Ohne Makel.
Immer noch, wo doch schon Ninive dahin ist
Sind seine äthiopischen Brüder sicherlich startbereit.
Immer neu blieb das Rad und das Fahrgestell
Ewig gedacht war die hölzerne Gabel.

Immer noch
Steht der äthiopische Bruder unter dem Moosdach
Aber wer
Fährt auf ihm?
Schon
Liegt der achte Autotyp
Oben auf dem alten Eisen
Aber
Den neunten fahren wir
Also haben wir uns entschieden
Auf immer neuen Wagen voll Makeln
Jederzeit zerstörbaren
Leichten, zerbrechlichen
Zahllosen
Ewig zu fahren.

Fragment

1
Sieh diese Stadt und sieh: sie ist alt
Erinnere dich, wie lieblich sie war!
Jetzt betrachte sie nicht mit dem Herzen, sondern kalt
Und sage: sie ist alt.
  Komm mit mir nach Georgia
  Dort bauen wir halt eine neue Stadt
  Und wenn diese Stadt zu viele Steine hat
  Dann bleiben wir nicht mehr da.

2
Sieh diese Frau und sieh: sie ist kalt
Erinnere dich, wie schön sie einst aussah!
Jetzt betrachte sie nicht mit dem Herzen, sondern kalt
Und sage: sie ist alt.
  Komm mit mir nach Georgia
  Dort laß uns schaun nach neuen Fraun
  Und wenn diese Fraun wieder alt ausschaun
  Dann bleiben wir nicht mehr da.

3
Sieh deine Ansichten und sieh: sie sind alt
Erinnere dich, wie gut sie einst waren!
Jetzt betrachte sie nicht mit deinem Herzen, sondern kalt
Und sage: sie sind alt.
  Komm mit mir nach Georgia
  Dort, wirst du sehn, gibt es neue Ideen
  Und wenn die Ideen wieder alt aussehn
  Dann bleiben wir nicht mehr da.

MAHAGONNYGESANG NR. 4

1
Ach, Johnny, hab nicht so
Viele Angst um deinen Kopf
Dann zerschlägst du Jack Dempsey
Wie einen alten Topf!
Sei ein Mann
Geh nur ran
Mein Sohn!
Und wenn du über die Runden kommst
Dann komm nach Mahagon!
  Und sitzt du einmal bei den
  Mahagonnyleuten
  Nun, dann rauchst du auch
  Und aus euren gelben Häuten
  Steigt Rauch.
  Himmel wie Pergament
  Goldener Tabak
  Wenn San Francisco brennt
  Was ihr dran Gutes nennt
  Sehet, das geht am End
  In einen Sack.

2
Ach, Johnny, wenn du mal
Deinen Wolkenkratzer hast
Dann ist es höchste Eisenbahn
Daß du ihn fahren laßt!
Sei ein Mann
Kleb nicht dran
Mein Sohn!
Schau, daß du wieder runter kommst
Und komm nach Mahagon!
  Und sitzt du einmal bei den
  Mahagonnyleuten

Nun, dann rauchst du auch
Und aus euren gelben Häuten
Steigt Rauch.
Himmel wie Pergament
Goldener Tabak
Wenn San Francisco brennt
Was ihr dran Gutes nennt
Sehet, das geht am End
In einen Sack.

ÜBER DEN EINZUG DER MENSCHHEIT IN DIE GROSSEN STÄDTE ZU BEGINN DES DRITTEN JAHRTAUSENDS

Viele sagen, die Zeit sei alt
Aber ich habe immer gewußt, es sei eine neue Zeit
Ich sage euch: nicht von selber
Wachsen seit zwanzig Jahren Häuser wie Gebirge aus Erz
Viele ziehen mit jedem Jahr in die Städte, als erwarteten
sie etwas
Und auf den lachenden Kontinenten
Spricht es sich herum, das große gefürchtete Meer
Sei ein kleines Wasser.

Ich sterbe heut, aber ich habe die Überzeugung
Die großen Städte erwarten jetzt das dritte Jahrtausend
Es fängt an, es ist nicht aufzuhalten, heute schon
Braucht es nur einen Bürger, und ein einziger Mann
Oder Frau reicht aus.

Freilich sterben viele bei den Umwälzungen
Aber was ist es, wenn einer von einem Tisch erdrückt wird
Wenn die Städte sich zusammenschließen:
Diese neue Zeit dauert vielleicht nur vier Jahre
Sie ist die höchste, die der Menschheit geschenkt wird
Auf allen Kontinenten sieht man Menschen, die fremd sind
Die Unglücklichen sind nicht mehr geduldet, denn
Menschsein ist eine große Sache.
Das Leben wird für zu kurz gelten.

LIED EINER FAMILIE AUS DER SAVANNAH

1
Wir hatten eine Farm in der Savannah
Pferde, ein Auto und Weizenfelder
Hier ist es schlecht, sagte Billy
Aber in Frisco wird es besser sein.
  Und wir hatten unser Brot auf der Savannah
  Frischen Wind und den Mond am Samstag abend
  Und in der Savannah war es uns zu schlecht.

2
Wir hatten ein Haus in San Francisco
Ein Motorgeschäft und neue Kleider
Und: hier ist es schlecht, sagte Billy
Aber in Massachusetts wird es besser sein.
  Und wir hatten unser Essen in San Francisco
  Hübsche Kleider und auch Jazz am Samstag abend
  Und in San Francisco war es uns zu schlecht.

3
Wir hatten ein Zelt in Massachusetts
Ein Ölfeld und eine Bohrmaschine
Doch: hier ist es schlecht, sagte Billy
Aber in Chicago wird es besser sein.
  Und wir hatten unser Dach in Massachusetts
  Einen Ofen und die Bibel am Samstag abend
  Und in Massachusetts war es uns zu schlecht.

4
Wir haben kein Zimmer in Chicago
Keinen Dollar und keine Aussicht, mein Gott
Und: hier ist es schlecht, sagt jetzt Billy
Aber nirgendwo wird es besser sein.
  Und wir hatten einst Geld und Aussichten
  Arbeit die Woche und frei am Samstag abend
  Und an allen Orten war es uns zu schlecht.

»Auf der Strecke Salgotarjan, vor Budapest, liegen jetzt über 8000 arbeitslose Bergarbeiter mit Frauen und Kindern auf offenem Felde. Die ersten zwei Tage ihres Kampfes verbrachten sie ohne Nahrung. Fetzen dienten ihnen notdürftig zur Bekleidung. Sie sehen wie Skelette aus. Sie haben sich gelobt, wenn sie kein Brot und keine Arbeit bekommen sollten, nach Budapest zu ziehen, auch wenn es Blut kosten sollte, sie haben nichts mehr zu verlieren. In der Umgebung von Budapest wurde Militär zusammengezogen. Es ergingen strenge Befehle, im Falle der geringsten Ruhestörung von den Waffen Gebrauch zu machen.«

Gingen wir hinab in die größte Stadt
1000 von uns hatten nicht gegessen
1000 von uns waren nicht satt
Und 1000 von uns wollten essen.

Sah der General zum Fenster hinaus
Und sagte: Ihr könnt hier nicht bleiben
Seid mir nicht störrisch, geht ruhig nach Haus
Was euch fehlt, könnt ihr mir schreiben.

Blieben wir auf der Landstraße stehn
Glaubten wir, sie kämen heraus, uns zu speisen
Aber kam keiner, uns anzusehn
Sahn wir nur den Rauch von ihren Häusern.

Aber kam der General einher
Dachten wir: Er würd uns speisen
Saß der General auf einem Maschinengewehr
Und kochte für uns Eisen.

Sagte der General: Ihr dürft nicht so viele beisammenstehn
Und fing an uns zu messen.
Sagten wir: Genau so viele, wie Sie sehn
Haben heute nichts gegessen.

Bauten wir uns keine Hütten her
Wuschen wir nicht mehr ein Hemd
Sagten wir: Wir können nicht lange warten mehr.
Sagte der General: Das stimmt!

Sagten wir: Wir können doch nicht alle sterb'n.
Sagte der General: Ihr könnt es!
Hörten die Leute in der Stadt einen Schuß
Sagten: Dort drüben brennt es.

DIESE BABYLONISCHE VERWIRRUNG

Diese babylonische Verwirrung der Wörter
Kommt daher, weil sie die Sprache
Von Untergehenden sind.
Daß wir sie nicht mehr verstehen
Das kommt daher, daß es
Nichts mehr nützt, sie zu verstehen.
Was nützt es den Toten
Zu erzählen, wie man besser
Gelebt hätte. Bewege doch nicht
Den Erkalteten dazu
Die Welt zu erkennen.
Streite nicht
Mit dem, hinter dem
Schon die Gärtner warten
Gedulde dich lieber.

Neulich wollte ich euch
Erzählen mit Arglist
Die Geschichte eines Weizenhändlers in der Stadt
Chikago. Mitten im Vortrag
Verließ mich meine Stimme in Eile
Denn ich hatte
Plötzlich erkannt: welche Mühe
Es mich kosten würde, diese Geschichte
Jenen zu erzählen, die noch nicht geboren sind
Die aber geboren werden und in
Ganz anderen Zeitläuften leben werden
Und die Glücklichen! gar nicht mehr
Verstehen können, was ein Weizenhändler ist
Von der Art, wie sie bei uns sind.

Da fing ich an, es ihnen zu erklären. Und im Geist
Hörte ich mich sprechen sieben Jahre
Aber ich begegnete

Nur stummem Kopfschütteln bei allen
Meinen ungeborenen Zuhörern.
Da erkannte ich, daß ich
Etwas erzählte, was
Ein Mensch nicht verstehen kann.

Sagten sie zu mir: Ihr hättet müssen
Eure Häuser ändern oder euer Essen
Oder euch. Sage du uns, gab es
Keine Vorlage für euch, und war es
Nur in Büchern vielleicht älterer Zeiten
Vorlage von Menschen, gezeichneten oder
Beschriebenen, denn uns scheint
Es war ganz niedrig, was euch bewegte
Ganz leicht änderbar, beinah von jedem
Zu durchschauen als falsch, unmenschlich und einmalig.
Gab es nicht solch einen alten
Einfachen Plan, daß ihr euch
Danach gerichtet hättet in Verwirrung?

Sagte ich: Die Pläne gab es
Aber seht, sie waren beschrieben
Mit neuen Zeichen fünfmal darüber, unlesbar
Fünfmal umgeändert die Vorlage nach unserm
Verkommenen Bildnis, so daß selbst
Unsere Väter auf diesen Berichten
Nur mehr uns glichen.
Da waren sie mutlos und taten mich ab
Mit dem lässigen Bedauern
Glücklicher Leute.

LETZTE HOFFNUNG

1
Auch am Abend hat sich nichts gebessert
Morgen ist und Mittag jetzt verbraucht
Ach, wir haben unser Meer verwässert?
Und das Meer war einst, so sagt man jetzt, erlaucht!

2
Ja, wir haben jetzt bald kein Gesicht mehr
Sind verstummt, nicht mangels Arschs noch Munds
Dieses Land legt auf uns kein Gewicht mehr
Und die Städte sind noch nicht für uns.

3
Doch wer freut sich nachts nicht eines Daches?
Und uns ziemt zu leben ungehemmt
Früh im Rausch das Elend treffend, sprach es:
Ach, wir sind einander völlig fremd.

ÜBER DEN OHM

Immer noch in unseren Städten
Trotz aller Mühe und aller Erfindung
Gibt es haufenweis Unrat.
Trotz Schwemmkanalisation und Baupolizei
Halten sich die Ecken, die den Unrat schützen.
(Sein Geruch ist schon schwach
Daß er ihn nicht mehr verrät.)
Trotz der Bemühungen der Millionen
Geht der Schmutz nicht weg
der aus alter Zeit stammt.
Das ist das eine.

Und das andere ist:
Der rätselhafte Ohm.
(Nicht zu verwechseln mit Olm
Einem farblosen Tier
In den unterirdischen Gewässern des Karstes.)
Nämlich: es wird in unseren Städten
Zwischen guter und schlechter Rasse
Keiner von beiden zugehörig
Immer noch gesichtet der Ohm.
Viele, die den Ohm noch sahn
Haben den Mond nicht mehr gesehn.

In den Listen wird der Ohm allerdings
Nicht mehr geführt.
Seine Existenz ist rätselhaft
Aber es findet sich niemand
Der das Rätsel lösen will
Obwohl er mit Gütern versehen ist
Und unsere Zeit sehr gierig ist
Findet sich keiner
Der ihn beerben will.

Der Ohm ist vielleicht das einzige Tier
Von dem man nicht weiß, was es frißt
Es ist sogar möglich, daß es nichts frißt
Dann müßte es ein Organ entwickelt haben, das
Ihm ermöglicht
Speise 40 Jahre bei sich zu behalten.
Darauf ließe auch seine Fähigkeit schließen
Über Dinge noch auszusagen
Die nicht mehr bekannt sind, von denen man aber weiß
Daß sie in einem früheren Zeitalter gegessen wurden.

Da das menschenähnliche Tier blind zu sein scheint,
verrichtet es
Auf öffentlichen Plätzen seine Notdurft
Vor dem grinsenden Pöbel.
Darunter leidet
Die Ehrfurcht, die das einfache Volk
Sonst fremden Erscheinungen erweist.

Es ist wohl ein Mangel
Unserer schnellebigen Zeit
Daß über ein Tier nicht mehr geforscht wird
Nur weil es ausstirbt.
So ist über die Lebensweise des Ohm
Tatsächlich nichts zu erfahren
Und über seine Wünsche innerhalb des Gemeinwesens
(Soweit es noch Wünsche haben sollte)
Ist höheren Ortes
Nichts mehr bekannt.

Ich streiche aus
(Mit einem dünnen Strich ohne Erbitterung)
Alle, die ich kenne, mich eingeschlossen.
Über alle diese wird man mich in Zukunft
Nicht mehr
Erbittert sehen.

Das Entsetzen, arm zu sein!
Viele gaben an, sie würden es ertragen, aber man sah
Ihre Gesichter nach einigen Jahren!
Abortgerüche und faulige Tapeten
Warfen die breitbrüstigen Männer nieder wie Stiere.
Die wäßrigen Gemüse
Zerstören Pläne, die ein Volk stark machen.
Ohne Badewasser, Einsamkeit und Tabak
Ist nichts zu verlangen.
Die Mißachtung des Publikums
Ruiniert das Rückgrat.
Der Arme
Ist nicht allein. Immer schauen
Alle in seine Kammer. Sie bohren
An seinem Teller. Er weiß nicht, wohin.
Der Himmel ist sein Dach, es regnet hinein in ihn.
Die Erde schüttelt ihn ab. Der Wind
Kennt ihn nicht. Die Nacht macht ihn zum Krüppel. Der
Tag
Entblößt ihn. Nichts ist Geld, das einer hat. Es rettet ihn
nicht
Aber nichts hilft ihm
Der kein Geld hat.

MORGENDLICHE REDE AN DEN BAUM GRIEHN

1
Griehn, ich muß Sie um Entschuldigung bitten.
Ich konnte heute nacht nicht einschlafen, weil der Sturm
so laut war.
Als ich hinaus sah, bemerkte ich, daß Sie schwankten
Wie ein besoffener Affe. Ich äußerte das.

2
Heute glänzt die gelbe Sonne in Ihren nackten Ästen.
Sie schütteln immer noch einige Zähren ab, Griehn.
Aber Sie wissen jetzt, was Sie wert sind.
Sie haben den bittersten Kampf Ihres Lebens gekämpft.
Es interessierten sich Geier für Sie.
Und ich weiß jetzt: einzig durch Ihre unerbittliche
Nachgiebigkeit stehen Sie heute morgen noch gerade.

3
Angesichts Ihres Erfolgs meine ich heute:
Es war wohl keine Kleinigkeit, so hoch heraufzukommen
Zwischen den Mietskasernen, so hoch herauf, Griehn, daß
Der Sturm so zu Ihnen kann wie heute nacht.

LIED AM SCHWARZEN SAMSTAG IN DER ELFTEN STUNDE DER NACHT VOR OSTERN

1
Im Frühjahr unter grünen Himmeln, wilden
Verliebten Winden schon etwas vertiert
Fuhr ich hinunter in die schwarzen Städte
Mit kalten Sprüchen innen tapeziert.

2
Ich füllte mich mit schwarzen Asphalttieren
Ich füllte mich mit Wasser und Geschrei
Mich aber ließ dies alles kalt, mein Lieber
Ich blieb ganz ungefüllt und leicht dabei.

3
Sie schlugen Löcher wohl in meine Wände
Und krochen fluchend wieder aus von mir:
Es war nichts drinnen als viel Platz und Stille
Sie schrieen fluchend: ich sei nur Papier.

4
Ich rollte feixend abwärts zwischen Häusern
Hinaus ins Freie. Leis und feierlich
Lief jetzt der Wind schneller durch meine Wände
Es schneite noch. Es regnete in mich.

5
Zynischer Burschen arme Rüssel haben
Gefunden, daß in mir nichts ist.
Wildsäue haben sich in mir begattet. Raben
Des milchigen Himmels oft in mich gepißt.

6
Schwächer als Wolken! Leichter als die Winde!
Nicht sichtbar! Leicht, vertiert und feierlich
Wie ein Gedicht von mir, flog ich durch Himmel
Mit einem Storch, der etwas schneller strich!

ÜBER DIE STÄDTE

Unter ihnen sind Gossen
In ihnen ist nichts, und über ihnen ist Rauch.
Wir waren drinnen. Wir haben nichts genossen.
Wir vergingen rasch. Und langsam vergehen sie auch.

MAHAGONNYGESANG NR. 1

1
Auf nach Mahagonny
Die Luft ist kühl und frisch
Dort gibt es Pferd- und Weiberfleisch
Whisky und Pokertisch.
  Schöner grüner Mond von Mahagonny, leuchte
    uns!
  Denn wir haben heute hier
  Unterm Hemde Geldpapier
  Für ein großes Lachen deines großen dummen
    Munds.

2
Auf nach Mahagonny
Der Ostwind, der geht schon
Dort gibt es frischen Fleischsalat
Und keine Direktion.
  Schöner grüner Mond von Mahagonny, leuchte
    uns!
  Denn wir haben heute hier
  Unterm Hemde Geldpapier
  Für ein großes Lachen deines großen dummen
    Munds.

3
Auf nach Mahagonny
Das Schiff wird losgeseilt
Die Zi-zi-zi-zi-zivilis
Die wird uns dort geheilt.
  Schöner grüner Mond von Mahagonny, leuchte
    uns!
  Denn wir haben heute hier
  Unterm Hemde Geldpapier
  Für ein großes Lachen deines großen dummen
    Munds.

GOTT IN MAHAGONNY

An einem grauen Vormittag
Mitten im Whisky
Kam Gott nach Mahagonny
Kam Gott nach Mahagonny.
Mitten im Whisky
Bemerkten wir Gott in Mahagonny.

1
Sauft ihr wie die Schwämme
Meinen guten Weizen Jahr für Jahr?
Keiner hat erwartet, daß ich käme;
Wenn ich komme jetzt, ist alles gar?
Ansahen sich die Männer von Mahagonny.
Ja, sagten die Männer von Mahagonny.
An einem grauen Vormittag
Mitten im Whisky
Kam Gott nach Mahagonny
Kam Gott nach Mahagonny.
Mitten im Whisky
Bemerkten wir Gott in Mahagonny.

2
Lachtet ihr am Freitag abend?
Mary Weeman sah ich ganz von fern
Wie 'nen Stockfisch stumm im Salzsee schwimmen
Sie wird nicht mehr trocken, meine Herrn.
Ansahen sich die Männer von Mahagonny.
Ja, sagten die Männer von Mahagonny.
An einem grauen Vormittag
Mitten im Whisky
Kam Gott nach Mahagonny
Kam Gott nach Mahagonny.
Mitten im Whisky
Bemerkten wir Gott in Mahagonny.

3
Kennt ihr diese Patronen?
Schießt ihr meinen guten Missionar?
Soll ich wohl mit euch im Himmel wohnen
Sehen euer graues Säuferhaar?
Ansahen sich die Männer von Mahagonny.
Ja, sagten die Männer von Mahagonny.
An einem grauen Vormittag
Mitten im Whisky
Kam Gott nach Mahagonny
Kam Gott nach Mahagonny.
Mitten im Whisky
Bemerkten wir Gott in Mahagonny.

4
Gehet alle zur Hölle!
Steckt jetzt die Virginien in den Sack!
Marsch mit euch in meine Hölle, Burschen!
In die schwarze Hölle mit euch Pack!
Ansahen sich die Männer von Mahagonny.
Nein, sagten die Männer von Mahagonny.
An einem grauen Vormittag
Mitten im Whisky
Kommst du nach Mahagonny
Kommst du nach Mahagonny.
Mitten im Whisky
Fängst du an in Mahagonny!

5
Rühre keiner den Fuß jetzt!
Jedermann streikt! An den Haaren
Kannst du uns nicht in die Hölle ziehen:
Weil wir immer in der Hölle waren.
Ansahen Gott die Männer von Mahagonny.
Nein, sagten die Männer von Mahagonny.

AUS EINEM LESEBUCH FÜR STÄDTEBEWOHNER

1

VERWISCH DIE SPUREN

Trenne dich von deinen Kameraden auf dem Bahnhof
Gehe am Morgen in die Stadt mit zugeknöpfter Jacke
Suche dir Quartier, und wenn dein Kamerad anklopft:
Öffne, oh, öffne die Tür nicht
Sondern
Verwisch die Spuren!

Wenn du deinen Eltern begegnest in der Stadt Hamburg
oder sonstwo
Gehe an ihnen fremd vorbei, biege um die Ecke, erkenne
sie nicht
Zieh den Hut ins Gesicht, den sie dir schenkten
Zeige, oh, zeige dein Gesicht nicht
Sondern
Verwisch die Spuren!

Iß das Fleisch, das da ist! Spare nicht!
Gehe in jedes Haus, wenn es regnet, und setze dich auf
jeden Stuhl, der da ist
Aber bleibe nicht sitzen! Und vergiß deinen Hut nicht!
Ich sage dir:
Verwisch die Spuren!

Was immer du sagst, sag es nicht zweimal
Findest du deinen Gedanken bei einem andern:
verleugne ihn.
Wer seine Unterschrift nicht gegeben hat, wer kein Bild
hinterließ

Wer nicht dabei war, wer nichts gesagt hat
Wie soll der zu fassen sein!
Verwisch die Spuren!

Sorge, wenn du zu sterben gedenkst
Daß kein Grabmal steht und verrät, wo du liegst
Mit einer deutlichen Schrift, die dich anzeigt
Und dem Jahr deines Todes, das dich überführt!
Noch einmal:
Verwisch die Spuren!

(Das wurde mir gelehrt.)

2

VOM FÜNFTEN RAD

Wir sind bei dir in der Stunde, wo du erkennst
Daß du das fünfte Rad bist
Und deine Hoffnung von dir geht.
Wir aber
Erkennen es noch nicht.

Wir merken
Daß du die Gespräche rascher treibst
Du suchst ein Wort, mit dem
Du fortgehen kannst
Denn es liegt dir daran
Kein Aufsehen zu machen.

Du erhebst dich mitten im Satz
Du sagst böse: du willst gehen
Wir sagen: Bleibe! und erkennen
Daß du das fünfte Rad bist.
Du aber setzest dich.

Also bleibst du sitzen bei uns in der Stunde
Wo wir erkennen, daß du das fünfte Rad bist.
Du aber
Erkennst es nicht mehr.

Laß es dir sagen: du bist
Das fünfte Rad
Denke nicht, ich, der ich's dir sage
Bin ein Schurke
Greife nicht nach einem Beil, sondern greife
Nach einem Glas Wasser.

Ich weiß, du hörst nicht mehr
Aber
Sage nicht laut, die Welt sei schlecht
Sage es leis.

Denn nicht die vier sind zuviel
Sondern das fünfte Rad
Und nicht schlecht ist die Welt
Sondern
Voll.

(Das hast du schon sagen hören.)

3

AN CHRONOS

Wir wollen nicht aus deinem Haus gehen
Wir wollen den Ofen nicht einreißen
Wir wollen den Topf auf den Ofen setzen.
Haus, Ofen und Topf kann bleiben
Und du sollst verschwinden wie der Rauch im Himmel
Den niemand zurückhält.

Wenn du dich an uns halten willst, werden wir
weggehen
Wenn deine Frau weint, werden wir unsere Hüte ins
Gesicht ziehen
Aber wenn sie dich holen, werden wir auf dich deuten
Und werden sagen: Das muß er sein.

Wir wissen nicht, was kommt, und haben nichts Besseres
Aber dich wollen wir nicht mehr.
Vor du nicht weg bist
Laßt uns verhängen die Fenster, daß es nicht morgen
wird.

Die Städte dürfen sich ändern
Aber du darfst dich nicht ändern.
Den Steinen wollen wir zureden
Aber dich wollen wir töten
Du mußt nicht leben.
Was immer wir an Lügen glauben müssen:
Du darfst nicht gewesen sein.

(So sprechen wir mit unsern Vätern.)

4

Ich weiß, was ich brauche.
Ich sehe einfach in den Spiegel
Und sehe, ich muß
Mehr schlafen; der Mann
Den ich habe, schädigt mich.

Wenn ich mich singen höre, sage ich:
Heute bin ich lustig; das ist gut für
Den Teint.
Ich gebe mir Mühe

Frisch zu bleiben und hart, aber
Ich werde mich nicht anstrengen; das
Gibt Falten.

Ich habe nichts zum Verschenken, aber
Ich reiche aus mit meiner Ration.
Ich esse vorsichtig; ich lebe
Langsam; ich bin
Für das Mittlere.

(So habe ich Leute sich anstrengen sehen.)

5

Ich bin ein Dreck. Von mir
Kann ich nichts verlangen als
Schwäche, Verrat und Verkommenheit
Aber eines Tages merke ich:
Es wird besser; der Wind
Geht in mein Segel; meine Zeit ist gekommen, ich kann
Besser werden als ein Dreck –
Ich habe sofort angefangen.

Weil ich ein Dreck war, merkte ich
Wenn ich betrunken bin, lege ich mich
Einfach hin und weiß nicht
Wer über mich geht; jetzt trinke ich nicht mehr –
Ich habe sofort unterlassen.

Leider mußte ich
Rein um mich am Leben zu erhalten, viel
Tun, was mir schadete; ich habe
Gift gefressen, das vier
Gäule umgebracht hätte, aber ich
Konnte nur so

Am Leben bleiben; so habe ich
Zeitweise gekokst, bis ich aussah
Wie ein Bettlaken ohne Knochen
Da habe ich mich aber im Spiegel gesehen –
Und habe sofort aufgehört.

Sie haben natürlich versucht, mir eine Syphilis
Aufzuhängen, aber es ist
Ihnen nicht gelungen; nur vergiften
Konnten sie mich mit Arsen: ich hatte
In meiner Seite Röhren, aus denen
Floß Tag und Nacht Eiter. Wer
Hätte gedacht, daß so eine
Je wieder Männer verrückt macht? –
Ich habe damit sofort wieder angefangen.

Ich habe keinen Mann genommen, der nicht
Etwas für mich tat, und jeden
Den ich brauchte. Ich bin
Fast schon ohne Gefühl, beinah nicht mehr naß
Aber
Ich fülle mich immer wieder, es geht auf und ab, aber
Im ganzen mehr auf.

Immer noch merke ich, daß ich zu meiner Feindin
Alte Sau sage und sie als Feindin erkenne daran, daß
Ein Mann sie anschaut.
Aber in einem Jahr
Habe ich es mir abgewöhnt –
Ich habe schon damit angefangen.

Ich bin ein Dreck; aber es müssen
Alle Dinge mir zum besten dienen, ich
Komme herauf, ich bin
Unvermeidlich, das Geschlecht von morgen
Bald schon kein Dreck mehr, sondern

Der harte Mörtel, aus dem
Die Städte gebaut sind.

(Das habe ich eine Frau sagen hören.)

6

Er ging die Straße hinunter, den Hut im Genick!
Er sah jedem Mann ins Auge und nickte
Er blieb vor jedem Ladenfenster stehen
(Und alle wissen, daß er verloren ist!).

Sie hätten ihn hören müssen, wie er sagte, er werde noch
Mit seinem Feind ein ernstes Wort sprechen
Der Ton seines Hausherrn behage ihm nicht
Die Straße sei schlecht gekehrt
(Seine Freunde haben ihn schon aufgegeben!).

Er will allerdings noch ein Haus bauen
Er will allerdings noch alles beschlafen
Er will allerdings nicht zu schnell urteilen
(Ach, er ist schon verloren, es steht doch nichts mehr
hinter ihm!).

(Das habe ich schon Leute sagen hören.)

7

Reden Sie nichts von Gefahr!
In einem Tank kommen Sie nicht durch ein Kanalgitter:
Sie müssen schon aussteigen.
Ihren Teekocher lassen Sie am besten liegen
Sie müssen sehen, daß Sie selber durchkommen.

Geld müssen Sie eben haben
Ich frage Sie nicht, wo Sie es hernehmen
Aber ohne Geld brauchen Sie gar nicht abzufahren.
Und hier können Sie nicht bleiben, Mann.
Hier kennt man Sie.
Wenn ich Sie recht verstehe
Wollen Sie doch noch einige Beefsteaks essen
Bevor Sie das Rennen aufgeben!

Lassen Sie die Frau, wo sie ist!
Sie hat selber zwei Arme
Außerdem hat sie zwei Beine
(Die Sie nichts mehr angehen, Herr!)
Sehen Sie, daß Sie selber durchkommen!

Wenn Sie noch etwas sagen wollen, dann
Sagen Sie es mir, ich vergesse es.
Sie brauchen jetzt keine Haltung mehr zu bewahren:
Es ist niemand mehr da, der Ihnen zusieht.
Wenn Sie durchkommen
Haben Sie mehr getan, als
Wozu ein Mensch verpflichtet ist.

Nichts zu danken.

8

Laßt eure Träume fahren, daß man mit euch
Eine Ausnahme machen wird.
Was eure Mutter euch sagte
Das war unverbindlich.

Laßt euren Kontrakt in der Tasche
Er wird hier nicht eingehalten.

Laßt nur eure Hoffnungen fahren
Daß ihr zu Präsidenten ausersehen seid.
Aber legt euch ordentlich ins Zeug
Ihr müßt euch ganz anders zusammennehmen
Daß man euch in der Küche duldet.

Ihr müßt das Abc noch lernen.
Das Abc heißt:
M a n w i r d m i t e u c h f e r t i g w e r d e n.

Denkt nur nicht nach, was ihr zu sagen habt:
Ihr werdet nicht gefragt.
Die Esser sind vollzählig
Was hier gebraucht wird, ist Hackfleisch.

(Aber das soll euch nicht entmutigen!)

9

VIER AUFFORDERUNGEN AN EINEN MANN VON VERSCHIEDENER SEITE ZU VERSCHIEDENEN ZEITEN

Hier hast du ein Heim
Hier ist Platz für deine Sachen.
Stelle die Möbel um nach deinem Geschmack
Sage, was du brauchst
Da ist der Schlüssel
Hier bleibe.

Es ist eine Stube da für uns alle
Und für dich ein Zimmer mit einem Bett.
Du kannst mitarbeiten im Hof
Du hast deinen eigenen Teller
Bleibe bei uns.

Hier ist deine Schlafstelle
Das Bett ist noch ganz frisch
Es lag erst ein Mann drin.
Wenn du heikel bist
Schwenke deinen Zinnlöffel in dem Bottich da
Dann ist er wie ein frischer
Bleibe ruhig bei uns.

Das ist die Kammer
Mach schnell, oder du kannst auch dableiben
Eine Nacht, aber das kostet extra.
Ich werde dich nicht stören
Übrigens bin ich nicht krank.
Du bist hier so gut aufgehoben wie woanders.
Du kannst also dableiben.

10

Wenn ich mit dir rede
Kalt und allgemein
Mit den trockensten Wörtern
Ohne dich anzublicken
(Ich erkenne dich scheinbar nicht
In deiner besonderen Artung und Schwierigkeit)

So rede ich doch nur
Wie die Wirklichkeit selber
(Die nüchterne, durch deine besondere Artung
unbestechliche
Deiner Schwierigkeit überdrüssige)
Die du mir nicht zu erkennen scheinst.

ZUM LESEBUCH FÜR STÄDTEBEWOHNER GEHÖRIGE GEDICHTE

1

Die Städte sind für dich gebaut. Sie erwarten dich freudig.
Die Türen der Häuser sind weit geöffnet. Das Essen
Steht schon auf dem Tisch.

Da die Städte sehr groß sind
Gibt es für die, welche nicht wissen, was gespielt wird, Pläne
Angefertigt von denen, die sich auskennen
Aus denen leicht zu ersehen ist, wie man auf dem schnellsten
Wege
Zum Ziel kommt.

Da man eure Wünsche nicht genauer kannte
Erwartet man natürlich noch eure Verbesserungsvorschläge.
Hier und dort
Ist etwas vielleicht noch nicht ganz nach eurem Geschmack
Aber das wird schleunigst geändert
Ohne daß ihr euch einen Fuß ausreißen müßt.

Kurz: ihr kommt
In die besten Hände. Alles ist seit langem vorbereitet. Ihr
Braucht nur zu kommen.

2

Tritt an! Warum kommst du so spät? Jetzt
Warte! Nein, du nicht, der da! Du kannst
Überhaupt weggehen, dich kennen wir, das hat gar keinen
Zweck

Daß du dich heranschmeißt. Halt, wohin?
Haut ihm doch bitte in die Fresse, ihr! So
Jetzt weiß er Bescheid hier. Was, er quatscht noch?
Nehmt ihn euch mal vor, er quatscht immer.
Zeigt dem Mann mal, auf was es hier ankommt.
Wenn er meint, er kann brüllen bei jeder Kleinigkeit
Immer auf das Maul, ihr werdet doch noch mit so einem
fertig werden.
So, wenn ihr mit ihm fertig seid, könnt ihr
Hereinbringen, was von ihm noch da ist, das
Wollen wir behalten.

3

Die Gäste, die du siehst
Haben Teller und Tasse
Du
Hast nur einen Teller bekommen
Und als du fragtest, wann kommt der Tee
Hieß es:
N a c h dem Essen.

4

Früher dachte ich: ich stürbe gern auf eignem Leinenzeug
Heute
Rücke ich kein Bild mehr gerad, das an der Wand hängt
Ich lasse die Stores verfallen, ich öffne dem Regen die
Kammer
Wische mir den Mund ab, mit fremder Serviette.
Von einem Zimmer, das ich vier Monate hatte
Wußte ich nicht, daß das Fenster nach hinten hinausging
(was ich doch liebe)
Weil ich so sehr für das Vorläufige bin und an mich nicht
recht glaube.

Darum hause ich, wie's trifft, und friere ich, sage ich:
Ich friere noch.
Und so tief verwurzelt ist meine Anschauung
Daß sie mir dennoch erlaubt, meine Wäsche zu wechseln
Aus Courtoisie für die Damen und weil
Man gewiß nicht ewig
Wäsche benötigt.

5

ÜBER DIE STÄDTE (2)

Etliche ziehen fort eine halbe Straße
Hinter ihnen werden die Tapeten geweißnet
Niemals sieht man sie wieder. Sie essen
Ein andres Brot, ihre Frauen liegen
Unter anderen Männern mit gleichem Ächzen.
An frischen Morgenden hängen
Aus den gleichen Fenstern Gesichter und Wäsche
Wie ehedem.

6

BERICHT ANDERSWOHIN

Als ich in die neuerbauten
Städte kam, da kamen mit mir
Viele, aber als ich wegging aus den
Neuerbauten, kam nicht einer
Mit mir weg.
Am festgesetzten
Tag des Kampfes ging ich kämpfen
Und ich stand vom Morgen bis Abend
Und sah keinen bei mir stehen
Aber viele sahen lächelnd
Oder weinend von den Mauern.

Dacht' ich mir, sie haben vergessen
Jenen Tag, der festgesetzt war
Oder andern Tag beschlossen
Und vergessen, mir's zu sagen
Aber abends sah ich, daß sie
Auf den Mauern saßen und aßen
Und
Was sie aßen, waren Steine
Und ich sah, sie hatten schläulich
Neue Speis zu essen grad noch
Rechtzeitig gelernt.

Und ich sah an ihren Augen
Daß die Feind' mich nicht bekämpften
Sondern, daß ein dichter Hagel
Von Geschossen an dem Platz war
Wo ich stand. So ging ich lächelnd
Von dem Platz.

Alsbald gingen wir hinab, um
Miteinander, Freund und Feind jetzt
Wein zu trinken und zu rauchen
Und sie sagten es mir immer
Wieder diese schöne Nacht durch
Daß sie gegen mich nichts hatten
Keines meiner Worte hatte
Sie beleidigt, wie ich glaubte
Denn sie hatten keins gedeutet
Sondern nur ihr Glaube war es
Daß ich etwas wollte, was sie
Hatten und was festgesetzt war
Und für alle Zeiten heilig
Aber ich versichre lächelnd
Daß ich nichts dergleichen wollte.

7

Oft in der Nacht träume ich, ich kann
Meinen Unterhalt nicht mehr verdienen.
Die Tische, die ich mache, braucht
Niemand in diesem Land. Die Fischhändler sprechen
Chinesisch.

Meine nächsten Anverwandten
Schauen mir fremd ins Gesicht
Die Frau, mit der ich sieben Jahre schlief
Grüßt mich höflich im Hausflur und
Geht lächelnd
Vorbei.

Ich weiß
Daß die letzte Kammer schon leer steht
Die Möbel schon weggeräumt sind
Die Matratze schon zerschlitzt
Der Vorhang schon abgerissen ist.
Kurz, es ist alles bereit, mein
Trauriges Gesicht
Zum Erblassen zu bringen.

Die Wäsche, im Hof zum Trocknen aufgehängt
Ist meine Wäsche, ich erkenne sie gut.
Näher hinblickend, sehe ich
Allerdings
Nähte darinnen und angesetzte Stücke.
Es scheint
Ich bin ausgezogen. Jemand anderes
Wohnt jetzt hier und
Sogar in
Meiner Wäsche.

8

Hätten Sie die Zeitungen aufmerksam gelesen wie ich
Würden Sie Ihre Hoffnungen begraben, daß
Eine Besserung noch möglich ist.

Von selber stirbt doch niemand!
Und was hat der Krieg genützt?
Ein paar Leute haben wir natürlich angebracht
Und wie viele sind erzeugt worden?
Und wir können noch nicht einmal
Jedes Jahr einen solchen Krieg zustande bringen.

Was soll ein Hurrikan schon ausrichten?
Miami und ganz Florida zusammengenommen
Und dazu zwei Hurrikane berücksichtigt
Dann heißt es zuerst: 50 000 Tote, und dann
Am nächsten Tag stellt es sich heraus:
3700.

Das können Sie doch ohne weiteres nachschaffen.
Selbst für die Bewohner von Miami selber
Ist das kaum ein Aufatmen und
Was sollen wir sagen, die wir
So weit davon entfernt sind!

Es ist wie ein Hohn!
Sollen wir auch noch verhöhnt werden?
Wir hätten zumindest das Recht auf
Eine u n g e s t ö r t e Bitterkeit.

9

Setzen Sie sich!
Sitzen Sie?
Lehnen Sie sich ruhig zurück!
Sie sollen bequem und leger sitzen.
Rauchen können Sie.
Wichtig ist, daß Sie mich ganz genau hören.
Hören Sie mich genau?
Ich habe Ihnen etwas mitzuteilen, was Sie interessieren wird.

Sie sind ein Plattkopf.
Hören Sie auch wirklich?
Es besteht doch hoffentlich kein Zweifel darüber, daß Sie mich klar und deutlich hören?
Also:
Ich wiederhole: Sie sind ein Plattkopf.
Ein Plattkopf.
P wie Paul, l wie Ludwig, a wie Anna, zwomal t wie Theodor
Kopf wie Kopf.
Plattkopf.

Bitte unterbrechen Sie mich nicht.
Sie sollen mich nicht unterbrechen!
Sie sind ein Plattkopf.
Reden Sie nicht. Machen Sie keine Ausflüchte!
Sie sind ein Plattkopf.
Punkt.

Ich sage das doch nicht allein.
Ihre Frau Mutter sagt das doch schon lang.
Sie sind ein Plattkopf.
Fragen Sie doch Ihre Angehörigen
Ob Sie k e i n P sind.
Ihnen sagt man das natürlich nicht
Denn da werden Sie doch wieder rachsüchtig wie alle Plattköpfe.

Aber
Ihre ganze Umgebung weiß seit Jahr und Tag, daß Sie ein P sind.

Es ist ja typisch, daß Sie leugnen.
Das ist doch die Sache: es ist typisch für den P, daß er es ableugnet.
Ach, ist das schwer, einem Plattkopf beizubringen, daß er ein P ist.
Es ist direkt anstrengend.

Sehen Sie, das muß doch einmal gesagt werden
Daß Sie ein P sind.
Das ist doch nicht uninteressant für Sie, zu wissen, was Sie sind.
Das ist doch ein Nachteil für Sie, wenn Sie nicht wissen, was alle wissen.
Ach, Sie meinen, Sie haben auch keine anderen Ansichten als Ihr Kompagnon
Aber das ist ja auch ein Plattkopf.
Bitte, trösten Sie sich nicht damit, daß es noch mehr Pe gibt.
Sie sind ein P.

Ist ja auch gar nicht schlimm
Damit können Sie achtzig werden.
Geschäftlich ist es direkt ein Vorteil.
Und politisch erst!
Nicht mit Geld zu bezahlen!
Als P brauchen Sie sich um n i c h t s zu kümmern.
Und Sie sind ein P
(Das ist doch angenehm?).

Sind Sie immer noch nicht im Bilde?
Ja, wer soll's Ihnen denn noch sagen?
Der Brecht sagt's ja auch, daß Sie ein P sind.
Also bitte, Brecht, sagen Sie ihm doch als Fachmann Ihre Ansicht.

Der Mann ist ein P.
Na also.

(Einmaliges Abspielen der Platte genügt nicht.)

10

Ich will nicht behaupten, daß Rockefeller ein
Dummkopf ist
Aber Sie müssen zugeben
Daß an der Standard Oil ein allgemeines
Interesse bestand.
Was ein Mann hätte dazu hergehört
Das Zustandekommen der Standard Oil zu verhindern!
Ich behaupte
Solch ein Mann muß erst geboren werden.

Wer will beweisen, daß Rockefeller Fehler gemacht hat
Da doch Geld eingekommen ist.
Wissen Sie: Es bestand Interesse daran, daß Geld einkam.

Sie haben andere Sorgen?
Aber ich wäre froh, wenn ich einen fände
Der kein Dummkopf ist, und ich
Kann es beweisen.

Sie haben schon den richtigen Mann ausgewählt.
Hatte er nicht Sinn für Geld?
Wurde er nicht alt?
Konnte er nicht Dummheiten machen und
Die Standard Oil kam doch zustande?

Meinen Sie, wir hätten die Standard Oil billiger haben
können?
Denken Sie, ein anderer Mann

Hätte sie mit weniger Mühe zustande gebracht?
(Da ein allgemeines Interesse an ihr bestand?)

Sind Sie auf jeden Fall gegen Dummköpfe?
Halten Sie etwas von der Standard Oil?

Hoffentlich glauben Sie nicht
Ein Dummkopf ist
Ein Mann, der nachdenkt.

11

Ich höre Sie sagen:
Er redet von Amerika
Er versteht nichts davon.
Er war nicht dort.
Aber glauben Sie mir
Sie verstehen mich sehr gut, wenn ich von Amerika
rede.
Und das Beste an Amerika ist:
Daß wir es verstehen.

Eine Keilschrift
Verstehen nur Sie
(Es ist natürlich eine tote Sache)
Aber sollen wir nicht von Leuten lernen
Die es verstanden haben
Verstanden zu werden?

Sie, Herr
Versteht man nicht
Aber New York versteht man
Ich sage Ihnen:
Diese Leute verstehen, was sie tun
Darum versteht man sie.

12

Unbezahlbar ist
Ein breiter Kopf.
Er tut das, was Sie auch getan hätten.
Er tut viel weniger, als Sie annehmen!
Er ist im Bilde.

Wo andere noch einen Ausweg sehen
Da gibt er auf.
An eine Sache, die Schwierigkeiten macht
Glaubt er nicht. Warum
Sollte eine Sache, die im allgemeinen Interesse
liegt
Schwierigkeiten machen?

Einen breiten Kopf erkennt man daran
Daß er Appetit an Äpfeln hat
Wenn genügend Leute
Appetit nach Äpfeln haben und
Für alle diese genug Äpfel da sind.

Sind Sie ein breiter Kopf?
Dann sehen Sie zu, daß die Stadt wächst
Das Geschäftsleben blüht und
Die Menschheit sich noch vermehrt!

13

Ich habe ihm gesagt, er soll ausziehen.
Er wohnte hier im Zimmer schon sieben Wochen
Und wollte nicht ausziehen.
Er lachte und meinte
Ich mache Scherze
Als er am Abend heimkam, stand

Sein Koffer an der Tür. Da
Wunderte er sich.

14

Es war leicht, ihn zu bekommen.
Es war möglich am zweiten Abend.
Ich wartete auf den dritten (und wußte
Das heißt etwas riskieren)
Dann sagte er lachend: das Badesalz ist es
Nicht dein Haar!
Aber es war leicht, ihn zu bekommen.

Ich ging einen Monat lang gleich nach der Umarmung
Ich blieb jeden dritten Tag weg.
Ich schrieb nie.
Aber bewahre einen Schnee im Topf auf!
Er wird schmutzig von selbst.
Ich tat noch mehr als ich konnte
Als es schon aus war.

Ich habe die Menscher hinausgeworfen
Die bei ihm schliefen, als sei es in der Ordnung
Ich habe es lachend getan und weinend.
Ich habe den Gashahn geöffnet
Fünf Minuten bevor er kam. Ich habe
Geld auf seinen Namen geliehen:
Es hat nichts geholfen.

Aber eines Nachts schlief ich
Und eines Morgens stand ich auf
Da wusch ich mich vom Kopf bis zum Zeh
Aß und sagte zu mir:
Das ist fertig.

Die Wahrheit ist:
Ich habe noch zweimal mit ihm geschlafen
Aber, bei Gott und meiner Mutter:
Es war nichts.
Wie alles vorübergeht, so verging
Auch das.

15

Immer wieder
Wenn ich diesen Mann ansehe
Er hat nicht getrunken und
Er hat sein altes Lachen
Denke ich: es geht besser.
Der Frühling kommt; eine gute Zeit kommt
Die Zeit, die vergangen ist
Ist zurückgekehrt
Die Liebe beginnt wieder, bald
Ist es wie einst.

Immer wieder
Wenn ich mit ihm geredet habe
Er hat gegessen und geht nicht weg
Er spricht mit mir und
Hat seinen Hut nicht auf
Denke ich: es wird gut
Die gewöhnliche Zeit ist um
Mit einem Menschen
Kann man sprechen, er hört zu
Die Liebe beginnt wieder, bald
Ist alles wie einst.
Der Regen
Kehrt nicht zurück nach oben.
Wenn die Wunde

Nicht mehr schmerzt
Schmerzt die Narbe.

16
BEHAUPTUNG

Schweig!
Was, meinst du, ändert sich leichter
Ein Stein oder deine Ansicht darüber?
Ich bin immer gleich gewesen.

Was besagt eine Fotografie?
Einige große Worte
Die man jedem nachweisen kann?
Ich bin vielleicht nicht besser geworden
Aber
Ich bin immer gleich geblieben.

Du kannst sagen
Ich habe früher mehr Rindfleisch gegessen
Oder ich bin
Auf falschen Wegen schneller gegangen.
Aber die gute Unvernunft ist die
Welche vergeht, und
Ich bin immer gleich gewesen.

Was wiegt ein großer Regen?
Ein paar Gedanken mehr oder weniger
Wenige Gefühle oder gar keine
Wo alles nicht genügt
Ist nichts genügend.
Ich bin immer gleich gewesen.

17

Du, der das Unentbehrliche
Wenige machen sieht, verlaß sie nicht!
Frage nicht nach deinem Anteil am Essen
Frage nicht nach deiner Beliebtheit.
Das richtige
Braucht den kleinsten Fingerzeig noch!
Nenne nicht einen Ersatz
Wenn d u gebraucht wirst!

Warum rechnest du
Als Freundlichkeit nur das Gewünschte
Da du doch weißt, daß du Unweises wünschest?

Betrachte nicht immer
Deine paar Narben!
Bedenke: die Schläge, die du ausgeteilt hast
Wurden aufgenommen ohne Klage.
Deine Launen wurden ausgehalten
Du wurdest geachtet.
Daß du, wenn du das Gewünschte nicht bekamst
Das Nötigste verweigertest
Wurde nicht gerügt.

Auf dich wurden Lasten gelegt, die man
Nur auf die sichersten Schultern legt.
Du wurdest übersehen wie das Nächstliegende.
Von dir wurde erwartet
Die besondere Einsicht.
So essen am letzten die, denen das Werk am nächsten steht:
die Köche.

Wie immer du behandelt wurdest, so eben
Wurden die Geachtetsten behandelt.

Setze also deinen Namen nicht
Auf die nicht abreißende Liste
Der Abgefallenen.

18

ÜBER DAS MISSTRAUEN DES EINZELNEN

Jeder weiß, daß der einzeln Mißtrauische
Zu Verbrechen neigt
Der Verbrecher aber
Hat Grund zum Mißtrauen.

Sage mir nicht, dein Mißtrauen
Sei im Verbrechen der andern begründet.
Woher immer das Mißtrauen kommt, der Mißtrauische
Neigt zu Verbrechen.

Manche, ins Wasser gefallen, erreichen spielend das Flußufer
Andere mit Mühe und wieder andere gar nicht.
Dem Fluß ist dies gleichgültig.
Du mußt das Flußufer erreichen.

Wisse: niemand außer dir
Kann es von dir verlangen, daß du lebst.
Der Mißtrauische
Hält zu viel von sich selber!
Der Verfolgte
Achte nicht so hoch, was da verfolgt wird!

Die Erdbeben mögen dich verschlingen
Aber sie sind nicht gegen dich geplant.
Die Erde, die dich verschlungen hat
Ist kaum gesättigt.

Ganz anders ist es mit dem Mißtrauen
Der Klassen.

19

Warum esse ich Brot, das zu teuer ist?
Ist nicht das Getreide zu teuer in Illinois?
Wer hat mit wem ausgemacht
Daß die Traktoren nicht haben soll
Der Mann in Irkutsk
Sondern der Rost?
Ist es falsch, daß ich esse?

20

Ich merke, ihr besteht darauf, daß ich verschwinde
Ich seh, ich esse euch zu viel
Ich verstehe, ihr seid nicht eingerichtet auf solche Leute wie ich
Nun, ich verschwinde nicht.

Ich habe euch zugeredet
Daß ihr euer Fleisch hergeben sollt
Ich bin neben euch hergegangen
Und habe euch nahegelegt, daß ihr ausziehen müßt
Zu diesem Zweck habe ich eure Sprache gelernt
Am Ende
Hat mich jeder verstanden
Aber am Morgen war wieder kein Fleisch da.

Einen Tag noch habe ich mich hingesetzt
Um euch die Gelegenheit zu geben, daß ihr noch kämt
Um euch zu rechtfertigen.

Wenn ich wiederkehre
Unter roherem Mond, meine Lieben
Dann komme ich in einem Tank
Rede mit einer Kanone und
Schaffe euch ab.

Wo mein Tank durchfährt
Da ist eine Straße
Was meine Kanone sagt
Das ist meine Ansicht
Von allen aber
Verschone ich nur meinen Bruder
Indem ich ihn lediglich aufs Maul schlage.

21

ANLEITUNG FÜR DIE OBEREN

An dem Tag, an dem der unbekannte gefallene Soldat
Unter Kanonenschüssen beerdigt wurde
Ruhte von London bis Singapore
Mittags zur selben Zeit
Von zwölf Uhr zwei bis zwölf Uhr vier
Volle zwei Minuten lang alle Arbeit
Einzig zum Zweck der Ehrung des
Gefallenen Unbekannten Soldaten.

Aber trotz alledem sollte man
Vielleicht doch anordnen
Daß dem U n b e k a n n t e n A r b e i t e r
Aus den großen Städten der bevölkerten Kontinente
Endlich eine Ehrung bereitet wird.
Irgendein Mann aus dem Netz des Verkehrs
Dessen Gesicht nicht wahrgenommen
Dessen geheimnisvolles Wesen unbeachtet
Dessen Name nicht deutlich gehört worden ist

Ein solcher Mann sollte
In unser aller Interesse
Mit einer Ehrung von Ausmaß bedacht werden
Mit einer Radioadresse
»Dem Unbekannten Arbeiter«
Und
Mit einer Arbeitsruhe der sämtlichen Menschen
Über den ganzen Planeten.

ÜBER DIE STÄDTE (3)

Siehst du die schwarze Wolke dort
(Für Männer ein Ort!)
Wo die Autos brüllen im Stadtgewühl
Schau dich um und bleib kühl
Nimm den Hut und geh fort!
Wo die Autos brüllen im Stadtgewühl!

ÜBER DIE STÄDTE (4)

Die Stadt mit den schwarzen Blattern
Voll Menschen bis oben hin
Um ein Essen zu ergattern
Wandelt mancher seinen Sinn!

WENIG WÜRDE GENÜGEN

Als ich einstmals die großen Städte gesichtet
Dachte ich gleich, es genügt
Wenn einer zum Beispiel ein Wort an sie richtet
Damit hätten sie sich ihrerseits dann begnügt.

Ich habe dieses Wort leider nicht gefunden
Das ohnegleichen ist
Die Zeit ist indes hingeschwunden
Ich brachte sie um mit List.

An Worten hat es nicht gemangelt
Der eine kotzt's, der andre frißt's
Hätt ich dies eine Wort eben geangelt
Hätten alle gesagt: Das ist's.

Ich hätte sicher Ruhe gegeben
Hätte die Münzen aufgelesen
Hätte davon gut können leben
Und sie wären mit mir zufrieden gewesen.

LIED EINES MANNES IN SAN FRANCISCO

Eines Tages gingen alle nach Kalifornien
Dort ist Öl, sagten die Zeitungen.
Und
Auch ich bin nach Kalifornien gegangen.
Ich bin gegangen für zwei Jahre.
Meine Frau blieb in einem Ort im Osten
Meine Farm war nicht tragbar.
Aber ich zog in eine Stadt im Westen
Und die Stadt wuchs, als ich hinkam.
Ich habe kein Öl gefunden
Ich habe Autos zusammengesetzt und gedacht:
Die Stadt wächst jetzt, ich
Warte auf ihr 30. Tausend.
Da waren es über Nacht viel mehr.
Zehn Jahre vergehen rasch, wenn Häuser gebaut werden.
Ich bin zehn Jahre da und habe Lust
Nach mehr. Auf dem Papier
Habe ich eine Frau im Osten
Über dem fernen Boden ein Dach
Aber hier
Ist etwas los und Spaß, und
Die Stadt wächst noch.

ÜBER DAS FRÜHJAHR

Lange bevor
Wir uns stürzten auf Erdöl, Eisen und Ammoniak
Gab es in jedem Jahr
Die Zeit der unaufhaltsam und heftig grünenden Bäume.
Wir alle erinnern uns
Verlängerter Tage
Helleren Himmels
Änderung der Luft
Des gewiß kommenden Frühjahrs.
Noch lesen wir in Büchern
Von dieser gefeierten Jahreszeit
Und doch sind schon lange
Nicht mehr gesichtet worden über unseren Städten
Die berühmten Schwärme der Vögel.
Am ehesten noch sitzend in Eisenbahnen
Fällt dem Volk das Frühjahr auf.
Die Ebenen zeigen es
In alter Deutlichkeit.
In großer Höhe freilich
Scheinen Stürme zu gehen:
Sie berühren nur mehr
Unsere Antennen.

DIE DREI SOLDATEN UND DER KLASSENKAMPF

Als Gott aus der Welt war
Da war auch nichts mehr unsichtbar.
Und alsbald wurde laut, was schwieg
Der Frieden wurde sichtbar als ein Krieg.
   Die Stadt in grauem Nebel lag
Es war ein gewöhnlicher Vormittag.
Die drei Soldaten gingen durch die Straßen
Sie hatten ihre Gewehre unter der Brücke gelassen
Da hatten sie plötzlich eine Vision:
Sie hörten auf einmal eine Kanon.
Durch das Autohupen und Trambahnrollen
Durch das Sausen der U-Bahnstollen
Drang plötzlich Kanonendonner an ihr Ohr.
Doch war nichts anders als zuvor.
Die Leute gingen ruhig wie gewöhnlich über den Damm
Ihrem Geschäft nach, da war es gleichsam
Als gingen sie plötzlich schneller jetzt
So als würden sie gehetzt
So als ob hinter ihnen her
Schösse ein richtiges Maschinengewehr
(Das schoß ohne Soldaten)
Da fielen sie auch schon um in Schwaden.
Die Häuser standen eben noch ruhig dort
Da waren plötzlich die Mauern fort
Und hinter der verschwundenen Wand
War ein blutiger Krieg entbrannt.
Da wälzten sich Menschenknäuel im Kampf
Von unten nach oben ging durch die Häuser ein Krampf.
Ohne zu reden und ohne zu schrein
Hieben sie aufeinander ein!
Da kamen auch schon von den Enden der Straßen
Bis an die Zähne bewaffnete Massen
Die kämpften über und unter dem Boden
Und füllten die Stadt mit Krüppeln und Toten.

Aber ohne daß sich im täglichen Leben der Städte
Irgend etwas geändert hätte.
Zwischen Trambahnklingeln und Autohupen
Schlachteten sich stumm die Gruppen
Und jeder Mensch in Restaurant, Bahn, Büro
Wurde bekämpft und kämpfte so.
Und mit jeder Tat und mit jedem Wort
Führt er den Kampf der Klassen fort:
Es kämpfte mit dem Messer
Der Koch mit dem Esser
Der Arzt kämpfte mit dem Kranken
Der schlug dem Wärter die Zähne in die Flanken
Der Hauswirt legte dem Mieter Schlingen
Der Mieter versuchte, ihn umzubringen.
Es rangen Richter und Angeklagte
Der Lehrer bekämpfte den, der ihn fragte.
Der Schreiber mit dem Leser
Der Verweste mit dem Verweser:
Es war ein ungeheuerer Krieg
Der kannte Opfer, doch keinen Sieg.
  Als die drei Soldaten das so sahn
Da war's, als hielte ihr Herzschlag an.
Sie merkten, sie ertrugen's nicht
Drum wandten sie ab das Gesicht
Und machten ihre Augen zu.
Da war auf einmal wieder Ruh
Die Stadt im grauen Nebel lag
Es war ein gewöhnlicher Vormittag.
  Erträgt man nicht die Tatsachen
Dann muß man die Augen zumachen.
Dann sagt man, damit man den Schrecken vergißt
Mitten im Krieg einfach: daß Frieden ist.
Und es brüllen ja auch keine Kanonen
Wo Menschen in nassen Häusern wohnen.
Man schießt nicht hin mit Geschützen
Wo Menschen vor leeren Tellern sitzen.

Man treibt kein Gelbkreuzgas in die Fabriken
Wenn Menschen an der Maschine ersticken.
Sondern man sagt: es ist Frieden
So wird die Revolution vermieden.

DER TRAUM DER JOHANNA

Hört, was ich träumte in einer Nacht
Vor sieben Tagen:
Ich sah vor mir auf einem kleinen Feld
Zu klein für eines mittleren Baumes Schatten
Weil eingeengt durch riesige Häuser, einen Klumpen
Menschen von unbestimmter Anzahl, jedoch
Weit größerer Anzahl, als an so kleiner Stelle
Spatzen Platz hätten, also sehr dichten Klumpen, so daß
Das Feld sich krümmte, in der Mitte aufhob, und jetzt hing
Der Klumpen übern Rand, einen Augenblick
Festhaltend, in sich pulsend, dann
Durch Hinzutritt eines Wortes, irgendwo gerufen
Gleichgültigen Inhalts, fing es an zu fließen.
Nun sah ich Züge, Straßen, auch bekannte, Chicago!
Euch!
Sah euch marschieren, und nun sah ich mich.
An eurer Spitze sah ich stumm mich schreiten
Mit kriegerischem Schritt, die Stirne blutig
Und Wörter rufend kriegerischen Klangs in
Mir selber unbekannter Sprache, und da gleichzeitig
Von vielen Seiten viele Züge zogen
Schritt ich in vielfacher Gestalt vor vielen Zügen:
Jung und alt, schluchzend und fluchend
Außer mir endlich! Tugend und Schrecken!
Alles verändernd, was mein Fuß berührte
Unmäßige Zerstörung bewirkend, den Lauf der Gestirne
Sichtbar beeinflussend, doch auch die nächsten Straßen
Uns allen bekannt, von Grund auf ändernd.
So zog der Zug und mit ihm ich
Verhüllt durch Schnee vor jedem feindlichen Angriff
Durch Hunger durchscheinend, keine Zielscheibe
Nirgends treffbar, da nirgends wohnhaft
Durch keine Qual belangbar, da jede

Gewohnt. Und so marschiert er, verlassend den
Unhaltbaren Platz: ihn wechselnd mit jedem andern.
So träumte ich.
Heute seh ich die Deutung.
Vor's morgen wird, werden wir
Von diesen Höfen hier aufbrechen
Und ihre Stadt Chicago erreichen bei Morgengrauen
Zeigend unseres Elends ganzen Umfang auf offenen Plätzen
Alles anrufend, was wie ein Mensch aussieht.
Was weiter wird, weiß ich nicht.

WOHIN ZIEHT IHR?

1
Wohin zieht ihr? Freilich
Wo ihr immer hinzieht, dort
Wird es schlechter sein, und
Wo immer ihr wegzieht, dort
War es besser.

2
Wovor flieht ihr? Eurem Elend
Werdet ihr nicht entfliehen.
Niemand hält euch, hier
Werdet ihr nicht vermißt.
Wo ihr hinkommt
Seid ihr nicht willkommen.

3
Ihr fürchtet das Unten
Ihr seid noch nicht unten.
Ihr werdet erkennen: es gibt
Mehr als ein Unten
Wenn ihr meint, ihr seid unten.

4
Könnt ihr nicht halt machen
Könnt ihr nicht umkehren?
Ihr flieht, aber
Wohin flieht ihr?
Eurem Elend
Werdet ihr nicht entgehn.
Macht also halt. Schaut euch um.

5
Wenn ihr erkennen würdet, wohin ihr geht
Würdet ihr haltmachen.
Wenn ihr wissen würdet
Was mit euch geplant ist
Würdet ihr euch umschauen.

6
Wißt, daß ihr eure Lage verbessern könnt!

1
Wir wollten ein Obdach haben
Sie sagten: Geht mal rasch dorthin!
Wir schrien wie die Raben:
Wir werden ein Obdach haben.
Da waren überall schon Leute drin.
  Denkt mal nach, aber strengt euch an
  Weil das nicht immer so gehen kann.

2
Wir wollten eine Arbeit finden
Sie sagten: Stellt euch mal dort an!
Da war der Betrieb schon pleite
Und vor ihm standen Leute
Und fragten uns, wo man was finden kann.
  Denkt mal nach, aber strengt euch an
  Weil das nicht immer so gehen kann.

3
Wir sagten: Da gehn wir schwimmen.
Das Wasser war von uns ganz voll
Wenn wir geschwommen haben
Wolln wir zurückkehrn und sie fragen:
Wie es jetzt weitergehen soll.
  Denkt inzwischen nach, aber strengt euch an
  Weil das nicht immer so gehen kann.

DIE NACHTLAGER

Ich höre, daß in New York
An der Ecke der 26. Straße und des Broadway
Während der Wintermonate jeden Abend ein Mann steht
Und den Obdachlosen, die sich ansammeln
Durch Bitten an Vorübergehende ein Nachtlager verschafft.

Die Welt wird dadurch nicht anders
Die Beziehungen zwischen den Menschen bessern sich nicht
Das Zeitalter der Ausbeutung wird dadurch nicht verkürzt
Aber einige Männer haben ein Nachtlager
Der Wind wird von ihnen eine Nacht lang abgehalten
Der ihnen zugedachte Schnee fällt auf die Straße.

Leg das Buch nicht nieder, der du das liesest, Mensch.

Einige Menschen haben ein Nachtlager
Der Wind wird von ihnen eine Nacht lang abgehalten
Der ihnen zugedachte Schnee fällt auf die Straße
Aber die Welt wird dadurch nicht anders
Die Beziehungen zwischen den Menschen bessern sich
dadurch nicht
Das Zeitalter der Ausbeutung wird dadurch nicht verkürzt.

GESANG DER REISKAHNSCHLEPPER

In der Stadt oben am Fluß
Gibt es für uns einen Mundvoll Reis
Aber der Kahn ist schwer, der hinauf soll
Und das Wasser fließt nach unten.
Wir werden nie hinaufkommen.
  Zieht rascher, die Mäuler
  Warten auf das Essen.
  Zieht gleichmäßig. Stoßt nicht
  Den Nebenmann.

Die Nacht kommt schon bald. Das Lager
Zu klein für eines Hundes Schatten
Kostet einen Mundvoll Reis.
Weil das Ufer zu glatt ist
Kommen wir nicht vom Fleck.
  Zieht rascher, die Mäuler
  Warten auf das Essen.
  Zieht gleichmäßig. Stoßt nicht
  Den Nebenmann.

Länger als wir
Hält das Tau, das in die Schultern schneidet.
Die Peitsche des Aufsehers
Hat vier Geschlechter gesehen.
Wir sind nicht das letzte.
  Zieht rascher, die Mäuler
  Warten auf das Essen.
  Zieht gleichmäßig. Stoßt nicht
  Den Nebenmann.

Unsere Väter zogen den Kahn von der Flußmündung
Ein Stück weit höher. Unsere Kinder
Werden die Quelle erreichen, wir
Sind dazwischen.

Zieht rascher, die Mäuler
Warten auf das Essen.
Zieht gleichmäßig. Stoßt nicht
Den Nebenmann.

Im Kahn ist Reis. Der Bauer, der
Ihn geerntet hat, bekam
Eine Handvoll Münzen, wir
Kriegen noch weniger. Ein Ochse
Wäre teurer. Wir sind zu viele.
Zieht rascher, die Mäuler
Warten auf das Essen.
Zieht gleichmäßig. Stoßt nicht
Den Nebenmann.

Wenn der Reis in der Stadt ankommt
Und die Kinder fragen, wer
Den schweren Kahn geschleppt hat, heißt es:
Er ist geschleppt worden.
Zieht rascher, die Mäuler
Warten auf das Essen.
Zieht gleichmäßig. Stoßt nicht
Den Nebenmann.

Das Essen von unten kommt
Zu den Essern oben. Die
Es schleppen, haben
Nicht gegessen.

DER BAUER KÜMMERT SICH UM SEINEN ACKER

1

Der Bauer kümmert sich um seinen Acker
Hält sein Vieh in Stand, zahlt Steuern
Macht Kinder, damit er die Knechte einspart und
Hängt vom Milchpreis ab.
Die Städter reden von der Liebe zur Scholle
Vom gesunden Bauernstamm und
Daß der Bauer das Fundament der Nation ist.

2

Die Städter reden von der Liebe zur Scholle
Vom gesunden Bauernstamm und
Daß der Bauer das Fundament der Nation ist.
Der Bauer kümmert sich um seinen Acker
Hält sein Vieh in Stand, zahlt Steuern
Macht Kinder, damit er die Knechte einspart und
Hängt vom Milchpreis ab.

1
Wer erinnert sich wohl noch
An den Ruhm der Riesenstadt New York
In dem Jahrzehnt nach dem großen Krieg?

2
Welch ein episch gefeiertes Becken war doch dieses Amerika damals!
God's own country!
Nur mit den Anfangsbuchstaben seiner Vornamen genannt:
USA
Wie unser jedermann bekannter, unverwechselbarer Jugendfreund!

3
Dieses unerschöpfliche Becken, hieß es
Nahm alles auf, was hineinfiel, und verwandelte es
In zweimal zwei Wochen bis zur Kenntlichkeit!
Alle Rassen, an diesem lustvollen Kontinent gelandet
Gaben sich eifrigst auf, ihre eingewurzelten Eigenarten vergessend
Wie schlechte Gewohnheiten
Um
Schleunigst so zu werden wie die hierorts so sehr Anwesenden!
Die aber nahmen sie großzügig und unbesorgt auf wie allzu Unterschiedliche
(Unterschiedlich nur durch die Unterschiedlichkeit ihrer kümmerlichen Existenzen!).
Wie ein guter Sauerteig fürchteten sie nicht
Jede auch noch so große Masse von Teig: sie wußten
Sie durchdrangen alles!
Welch ein Ruhm! Welch ein Jahrhundert!

4
Ach, diese Stimmen ihrer Frauen aus den Schalldosen!
So sang man (bewahrt diese Platten auf!) im goldenen Zeitalter!
Wohllaut der abendlichen Wasser von Miami!
Unaufhaltsame Heiterkeit der über nie endende Straßen schnell fahrenden Geschlechter!
Machtvolle Trauer singender Weiber, in Zuversicht
Breitbrüstige Männer beweinend, aber immer noch umgeben von
Breitbrüstigen Männern!

5
Seltene Menschenexemplare stellten sie zusammen in ganzen Parks
Fütterten sie sachkundig, badeten sie und ließen sie wiegen
Damit ihre unvergleichlichen Bewegungen im Lichtbild festgehalten würden
Für alle Nachkommenden.

6
Ihre riesigen Bauwerke führten sie auf mit unvergleichlicher Verschwendung
Besten Menschenmaterials. Vollkommen offen, vor aller Welt
Holten sie aus ihren Arbeitern heraus, was in ihnen war
Schossen mit Flinten in die Kohlenschächte und warfen ihre abgebrauchten Knochen und
Vernutzten Muskeln auf die Straße mit
Gutmütigem Lachen.
Aber mit sportlicher Anerkennung berichteten sie
Von der gleichen groben Unerbittlichkeit der Arbeiter bei den Streiks
Mit homerischem Ausmaß.

7
Armut galt dort für schimpflich!
In den Filmen dieser gesegneten Nation verübten Männer
Ins Unglück geraten, beim Anblick von Armenwohnungen, die Klaviere und Ledersofas enthielten
Kurzerhand Selbstmord.

8
Welch ein Ruhm! Welch ein Jahrhundert!
Ach, auch wir verlangten solche breitspurigen Anzüge aus groben Stoffen
Mit den Wattewülsten an den Schultern, welche die Männer so breit machen
Daß drei von ihnen den ganzen Gehsteig beanspruchen.
Auch wir versuchten, unsere Bewegungen zu bremsen
Die Hände langsam in die Taschen zu stecken und uns aus den Stühlen
In denen wir (wie für alle Ewigkeit) gelegen hatten, langsam herauszuarbeiten
Wie ein ganzes Staatswesen, das sich umwälzt.
Und auch wir stopften uns den Mund voll Kaugummi (Beechnut)
Von dem es hieß, daß er die Kinnladen auf die Dauer vortrieb
Und saßen mit ewig mahlenden Kiefern wie in unaufhörlicher Freßgier.
Auch unseren Gesichtern wünschten wir jene gefürchtete Undurchsichtigkeit zu verleihen
Des »poker face man«, der sich seinen Mitbürgern als unlösliches Rätsel aufgab.
Auch wir lächelten ständig wie vor oder nach guten Geschäften
Die der Beweis einer gut funktionierenden Verdauung sind.
Auch wir tappten unseren Gegenübers (lauter zukünftigen Kunden)

Gerne an die Arme, Schenkel und zwischen die
Schulterblätter
Ausprobierend, wie man solche Burschen in die Hand
bekommt
Mit schmeichelnden und zupackenden Griffen wie nach
Hunden.
So eiferten wir diesem berühmten Menschenschlag nach,
welcher bestimmt schien
Die Erde zu beherrschen, indem er sie vorwärts brachte.

9
Welch eine Zuversicht! Was für ein Ansporn!
Diese Maschinenhallen: die größten der Welt!
Zeugungspropaganda betrieben die Autofabriken: sie
bauten schon Autos (auf Abzahlung)
Für die Ungeborenen! Denen, die
Beinahe ungebrauchte Kleidungsstücke wegwarfen (aber so
Daß sie sofort verdarben, am besten in Kalk!)
Wurden Prämien bezahlt! Diese Brücken:
Blühendes Land verbanden sie mit blühendem Land!
Endlos!
Die längsten der Welt! Diese Hochhäuser:
Die so hoch ihre Steine geschichtet hatten
Daß sie alles überragten, betrachteten von ihrer Höhe
sorgenvoll die Neubauten
Die eben erst aus dem Boden wuchsen und die
Ihren Mammutbau überragen würden.
(Manche befürchteten schon, das Wachstum dieser Städte
Könnte nicht mehr gestoppt werden, sie müßten
Ihre Tage beschließen mit zwanzig Etagen anderer Städte
über sich
Und würden in Särgen verstaut, die übereinander
Eingegraben werden!)

10
Aber sonst: welche Zuversicht! Selbst die Toten
Wurden geschminkt und mit wohligem Lächeln versehen
(Ich verzeichne solche Züge aus dem Gedächtnis, andere
Habe ich vergessen), nicht einmal
Den Entronnenen wurde Hoffnungslosigkeit gestattet!

11
Was für Menschen! Ihre Boxer die stärksten!
Ihre Erfinder die praktischsten! Ihre Züge die schnellsten!
Auch die bevölkertsten!
Und das alles schien 1000 Jahre zu dauern
Sprengten doch die Leute der Stadt New York selber aus:
Ihre Stadt sei auf Felsgrund gebaut und also
Unzerstörbar!

12
Wahrlich, ihr ganzes System des Gemeinlebens war
unvergleichlich
Welch ein Ruhm! Welch ein Jahrhundert!

13
Allerdings dauerte dieses Jahrhundert
Nur knappe acht Jahre.

14
Denn eines Tages durchlief die Welt das Gerücht seltsamer
Zusammenbrüche
Auf einem berühmten Kontinent, und seine noch gestern
gehamsterten Geldscheine
Wurden wie faule, stinkende Fische mit Ekel weggewiesen.

15
Heute, wo es sich herumgesprochen hat
Daß diese Leute bankrott sind
Sehen wir auf den anderen Kontinenten (die zwar auch
bankrott sind)
Allerhand anders, wie es uns vorkommt, schärfer.

16
Was ist das mit den Hochhäusern?
Wir betrachten sie kühler.
Was für verächtliche Schuppen sind Hochhäuser, welche
keine Miete mehr abwerfen!
So hoch hinauf voller Armut? Bis unter die Wolken voll
von Schulden?
Was ist das mit den Eisenbahnzügen?
In den Eisenbahnzügen, die rollenden Hotels gleichen,
heißt es
Wohnt jetzt oft kein Mensch.
Er fährt nirgends hin
Mit einer unvergleichlichen Schnelligkeit!
Was ist das mit den Brücken? Sie verbinden
(Die längsten der Welt!) Schuttplätze jetzt mit Schuttplätzen!
Und was ist mit den Menschen?

17
Immer noch, hören wir, schminken sich diese, aber
Jetzt: um Stellen zu ergattern. Die 22jährigen
Frauen schnupfen jetzt Kokain, bevor sie sich anstellen
Einen Platz an der Schreibmaschine für sich zu erobern.
Ganze Familien jagen den Töchtern das Gift in die Schenkel
Das sie feurig aussehen macht.

18
Noch werden Schallplatten verkauft, freilich wenige
Doch was erzählen uns diese Ziegen eigentlich, die nicht
Singen gelernt haben? Was
Ist der Sinn dieser Gesänge? Was haben sie uns
Eigentlich vorgesungen all diese Jahre lang?
Warum mißfallen uns jetzt diese einstmals gefeierten
Stimmen?
Warum
Machen uns diese Lichtbilder der Städte so gar keinen
Eindruck mehr?

Weil es sich herumgesprochen hat
Daß diese Leute bankrott sind!

19
Ihre Maschinen nämlich, heißt es, liegen in riesigen Haufen
(den größten der Welt!)
Und rosten
Wie die Maschinen der alten Welt (in kleineren Haufen).

20
Noch finden Weltmeisterschaftskämpfe vor ein paar zerstreut sitzengebliebenen Zuschauern statt:
Der jeweils stärkste Mann
Kommt nicht auf gegen das geheimnisvolle Gesetz
Das die Menschen aus den gestopft vollen Läden treibt!

21
Ihr Lächeln festhaltend (nichts sonst mehr!), stehen die ausgedienten Weltmeister
Den paar letzten verkehrenden Trams im Wege.
Drei dieser breitspurigen Leute füllen den Gehsteig, aber
Was wird s i e füllen, vor die Nacht kommt?
Nur die Schultern wärmt Watte denen, die in unaufhörlichen Zügen
Tag und Nacht die leeren Schluchten der leblosen Steinhaufen durcheilen.
Ihre Bewegungen sind langsam wie die hungriger und geschwächter Tiere.
Wie ein ganzes Staatswesen, das sich umwälzt
Arbeiten sie sich langsam aus den Gossen heraus, in denen sie zu liegen scheinen wie für die Ewigkeit.
Ihre Zuversichtlichkeit, heißt es
Ist noch da; sie begründet sich auf die Hoffnung
Daß der Regen morgen von unten nach oben fließen wird.
Ihre Heiterkeit, heißt es, ist unaufhaltsam
Wenn sie ein Stück Fleisch in einer Auslage hängen sehen.

22
Aber etliche, hören wir, können immer noch Arbeit finden:
da, wo man
Den Weizen in ganzen Zugladungen in das Meer schüttet,
welches
Das pazifische genannt wird.
Und die auf den Parkbänken übernachten, hören wir, sollen
Mit ganz unerlaubten Gedanken
Diese leeren Hochhäuser sehen vor dem Einschlafen.

23
Welch ein Bankrott! Wie ist da
Ein großer Ruhm verschollen! Welch eine Entdeckung:
Daß ihr System des Gemeinlebens denselben
Jämmerlichen Fehler aufwies wie das
Bescheidenerer Leute!

VIELE SIND FÜR DIE ORDNUNG

Viele sind für die Ordnung. Sie legen zum Essen
Über den Tisch ein Tuch, wenn sie's haben, oder sie streichen
Mit der Hand über die Platte die Brösel weg, wenn
Die Hand nicht zu müd ist; aber ihr Tisch steht
Und ihr Haus steht in einer Welt, die stetig in Schmutz
versinkt.
Ach, ihr Spind soll reinlich sein; aber am Städterand
Liegt die Fabrik, die Knochenmühle, das blutige
Mehrgewinnschöpfrad! Ach, was nützt es
Bis zum Kinn in Schlamm, die Nägel der Finger
Rein zu halten?

WARUM SOLLTEN WIR UNS DEINER SCHÄMEN?

Warum sollten wir uns deiner schämen, schwarzer Bruder
Asphalt?
Der du sorgst, daß die ungeteilte Menge
Leichter gehe und keiner
Versinke im Schlamm? Helfen wir doch lieber
Daß diese unaufhörlich Gehenden
Auch zu leichterer Arbeit gehen und in trockene
Wohnungen!

Warum diese Schmähungen?
Warum verhöhnen sie noch denjenigen
Den sie treten?

DER NACHBAR

Ich bin der Nachbar. Ich habe ihn angezeigt.
Wir wollen in unserm Haus
Keinen Hetzer haben.

Als wir die Hakenkreuzfahne heraushängten
Hat er keine herausgehängt
Als wir ihn dazu aufforderten
Hat er uns gefragt, ob wir in unserer Stube
In der wir mit vier Kindern wohnen
Noch Platz haben für eine Fahnenstange.
Als wir sagten, daß wir wieder an die Zukunft glaubten
Hat er gelacht.

Daß sie ihn auf der Treppe geschlagen haben
Hat uns nicht gefallen. Sie haben ihm den Kittel zerrissen.
Das wäre nicht nötig gewesen. So viele Kittel
Hat keiner von uns.
Aber jetzt ist er wenigstens weg, und im Haus herrscht Ruhe.
Wir haben genug Sorgen im Kopf, da
Muß wenigstens Ruhe herrschen.

Wir sehen schon, einige Leute
Schauen weg, wenn sie uns begegnen. Aber
Die ihn abgeholt haben, sagen
Daß wir uns richtig verhalten haben.

Ausschließlich wegen der zunehmenden Unordnung
In unseren Städten des Klassenkampfs
Haben etliche von uns in diesen Jahren beschlossen
Nicht mehr zu reden von Hafenstädten, Schnee auf den
Dächern, Frauen
Geruch reifer Äpfel im Keller, Empfindungen des
Fleisches
All dem, was den Menschen rund macht und menschlich
Sondern zu reden nur mehr von der Unordnung
Also einseitig zu werden, dürr, verstrickt in die Geschäfte
Der Politik und das trockene »unwürdige« Vokabular
Der dialektischen Ökonomie
Damit nicht dieses furchtbare gedrängte Zusammensein
Von Schneefällen (sie sind nicht nur kalt, wir wissen's)
Ausbeutung, verlocktem Fleisch und Klassenjustiz eine
Billigung
So vielseitiger Welt in uns erzeuge, Lust an
Den Widersprüchen solch blutigen Lebens
Ihr versteht.

DIE MEDEA VON LODZ

Da ist eine alte Märe
Von einer Frau, Medea genannt
Die kam vor tausend Jahren
An einen fremden Strand.
Der Mann, der sie liebte
Brachte sie dorthin.
Er sagte: Du bis zu Hause
Wo ich zu Hause bin.

Sie sprach eine andere Sprache
Als die Leute dort
Für Milch und Brot und Liebe
Hatten sie ein anderes Wort.
Sie hatte andere Haare
Und ging ein anderes Gehn
Ist nie dort heimisch geworden
Wurde scheel angesehn.

Wie es mit ihr gegangen
Erzählt der Euripides
Seine mächtigen Chöre singen
Von einem vergilbten Prozeß.
Nur der Wind geht noch über die Trümmer
Der ungastlichen Stadt
Und Staub sind die Stein, mit denen
Sie die Fremde gesteinigt hat.

Da hören wir mit einem
Mal jetzt die Rede gehn
Es würden in unseren Städten
Von neuem Medeen gesehn.
Zwischen Tram und Auto und Hochbahn
Wird das alte Geschrei geschrien
1934
In unserer Stadt Berlin.

Hinter uns lassend die Hölle der Enttäuschten
Gelangten wir in die Hölle der Enttäuscher.
In einer grauen Stadt, erfüllt von Marktgeschrei
Trafen wir, die ihr Gesicht verloren hatten.

Wegsah, wem immer wir begegneten.
Schneller ging, wem wir folgten. Aber wir sahen
Sie in billige und teuere Kleider gekleidet, alte
Und junge Menschen, beider Geschlechter.

Noch sah man vielen
Spuren einstiger großer Schönheit an, die wohl
verführen konnte –
Kluge Stirnen und – was am tiefsten erschüttert – Reste
Eines ehrlichen Lächelns.

Die umgefallen waren vor den Drohungen
Hatten noch immer etwas in der Haltung des Kopfes
Das die nicht Einzuschüchternden haben.
Die einstmals gesagt hatten: »Wenn ich sage, ich komme,
dann komme ich«
Werden freilich von niemandem mehr erwartet, aber
Sie gehen noch immer schnell durch die Menge.

Sie sind nunmehr ganz unter sich, aber immer noch
verstrickt
In waghalsige Unternehmungen. Von außen in die
Kontore schauend
Sahen wir sie einander ihre Kreditbriefe zeigen
Deutend auf viele Stempel und Unterschriften
Aber mit den Daumen versteckend die Stellen
Wo die Jahreszahl ausradiert ist.

HIER IST ÖL! ÖL IST HIER!

Hier ist Öl! Öl ist hier! Das liegt hier
Was die Motore laufen macht, was die Schiffe bewegt!
Das kolbenschmierende Öl liegt hier im Boden!
Das die Städte hell macht! Schnell!
Verwandelt euch in Ölsucher, ihr Ziegenhirten! Schnell!
Schafft das Öl an die Oberfläche, tragt den Felsen ab, bohrt
Den Boden an, Bauern!

Aber da sind Ziegenherden, die auf dem Feld grasen!
Aber da stehen Wohnhäuser, die hundert Jahre alt sind!
Aber da sind Grundbücher und Besitztitel!

Schnell! Schafft alles weg, was zwischen uns und dem Öl
steht!
Weg mit den Ziegenherden! Weg mit den Wohnhäusern!
Und weg mit den Grundbüchern und Besitztiteln!
Hier ist Öl! Öl ist hier! Das kolbenschmierende Öl ist hier
Und das die Städte hell macht!

Wieder zerfallen die Werke von Menschenhand
Die so viel Mühe gemacht haben.
Die so viel Tränen gekostet haben
Um die so viel Blut geflossen ist, die Werke
Sinken hin.

Es zerfallen die Wohnstätten. In ihnen haust fürderhin
Der Schwamm. In die Maschinenhallen
Zieht der Bruch ein. Über die Geleise
Läuft der abendliche Wind, denn nur der Wind besucht
 noch
Die einknickenden Bohrtürme und einst
Gewaltigen Krane, nunmehr überlassen
Ihrem letzten Besitzer, dem
Alles fressenden Rost.

Der Ziegenhirt
Treibt die überlebenden Ziegen um den Stacheldraht!
Der Bauer
Zieht den Spaten zurück aus dem Boden, wiederum
 Bauer
Aber Bauer ohne Acker, nicht mehr Bauer!
Denn das Feld, das einst Futter trug
Ist ein Schutthaufen geworden und trägt nichts mehr.

Wieder erhebt der Felsen die mächtige Schulter.
Das Gras dringt wieder vor. Das Gestrüpp verwirrt sich.
Und doch
Wird da Öl gebraucht in den Städten und zwischen den
 Städten.
Hier läge es, wo der Rasen wächst.

Ihr aber, die ihr die Kämpfe saht, die gekämpft wurden
List menschlicher Gehirne und Gewalt, die zuschlägt
Große Mühe saht allenthalben, ihr wißt nun:
So viel Mühe kostete es, kein
Öl zu gewinnen.

UNTERGANG DER STÄDTE SODOM UND GOMORRHA

1
Die Stadt Sodom und die Stadt Gomorrha
Denkt ihr euch am besten ganz wie unsere Städte.
So wie unsre Stadt Berlin und unser London.
Weder prächtiger noch schmutziger, weder
Reicher, noch auch ärmer, unbewohnbar
Und doch unverlaßbar, ganz wie London
Und Berlin war Sodom und Gomorrha.

2
Ihre Sünden waren wie die unsern
Schal und schamlos. Mit der goldenen Scharre
Kratzte sich der Aussatz, und der Lorbeer
Welkte hin von der Berührung
Dieser Stirnen. Und ein Lachen
Stieg aus Gärten auf, und aus Fabriken
Stieg ein Rauch.

Fragment

DER ORANGENKAUF

Bei gelbem Nebel in Southampton Street
Plötzlich ein Karren Obst mit einer Lampe
An Tüten zupfend eine alte Schlampe
Ich blieb stumm stehn wie einer, der was sieht
Nach was er lief: nun wurd's ihm hingestellt.

Orangen mußten es doch immer sein!
Ich haucht in meine Hand mir Wärme ein
Und fischte in der Tasche schnell nach Geld

Doch zwischen dem, daß ich die Pennies griff
Und nach dem Preis sah, der auf Zeitungsblatt
Mit schmieriger Kohle aufgeschrieben war
Bemerkte ich, daß ich schon leise pfiff
Mit einem wurd's mir nämlich bitter klar:
Du bist ja gar nicht da in dieser Stadt.

I
(Svendborg)

Durch das Fenster, die zwölf Quadrate
Sehe ich einen knorrigen Birnbaum mit hangenden Zweigen
In einem unebenen Rasen, auf dem etwas Stroh liegt.
Er ist begrenzt durch einen Trakt aufgeworfener Erde
In die Büsche gepflanzt sind und niedere Bäume.
Hinter dieser Hecke, jetzt kahl im Winter
Läuft der Fußweg, begrenzt durch ein Gatter
Kniehoher und weißgestrichener Latten: schon einen Meter
    hinter ihm
Steht ein kleines Haus mit zwei Fenstern in grünen
    Holzrahmen
Und einem Ziegeldach, das so hoch wie die Mauer ist.
Die Mauer ist sauber weißgetüncht, auch die paar Meter
    Mauer
Die das Haus nach der Seite verlängern, nachträglich
    angebaut
Sind sauber weißgetüncht. So wie zur Linken, wo sie etwas
    zurücktritt
Ist eine grüne Holztür auch in dem Anbau
Und da auf der andern Seite des Hauses der Sund anfängt
Dessen Wasserfläche nach rechts zu im Nebel liegt
Holzschuppen und Sträucher vor sich
Hat das kleine Haus wohl im ganzen drei Ausgänge.
Das ist gut für Bewohner, die gegen das Unrecht sind
Und von der Polizei geholt werden können.

II
(Augsburg)

Ein Frühjahrsabend in der Vorstadt.
Die vier Häuser der Kolonie
Sehen weiß aus in der Dämmerung.
Die Arbeiter sitzen noch
Vor den dunkeln Tischen im Hof
Sie sprechen von der gelben Gefahr.
Ein paar kleine Mädchen holen Bier
Obwohl das Messingläuten der Ursulinerinnen schon herum ist.
In Hemdärmeln lehnen sich ihre Väter aus den Kreuzstöcken.
Die Nachbarn hüllen die Pfirsichbäume an der Häuserwand
In weiße Tüchlein wegen des Nachtfrosts.

ALLJÄHRLICH IM SEPTEMBER, WENN DIE SCHULZEIT BEGINNT

Alljährlich im September, wenn die Schulzeit beginnt
Stehen in den Vorstädten die Weiber in den Papiergeschäften
Und kaufen die Schulbücher und Schreibhefte für ihre
Kinder.
Verzweifelt fischen sie ihre letzten Pfennige
Aus den abgegriffenen Beutelchen, jammernd
Daß das Wissen so teuer ist. Dabei ahnen sie nicht
Wie schlecht das Wissen ist, das für ihre
Kinder bestimmt wird.

DIE ÄRMEREN MITSCHÜLER AUS DEN VORSTÄDTEN

Die ärmeren Mitschüler in ihren dünnen Paletoten
Kamen des Morgens immer zu spät in die Stunde
Da sie ihren Müttern Milch oder Zeitungen austrugen.
Die Lehrer
Schrieben sie schimpfend in das Tadelbuch.

Sie hatten keine Frühstückspakete. In den Pausen
Schrieben sie auf den Abtritten ihre Aufgaben.
Das war verboten. Die Pause
Sollte der Erholung und dem Essen dienen.

Wenn sie die Ludolfsche Zahl π nicht wußten
Fragten die Lehrer sie: Warum
Bleibst du nicht in der Gosse, aus der du kommst?
Aber das wußten sie.

Den ärmeren Schülern aus den Vorstädten
Waren kleine Posten versprochen im Staatsdienst.
Darum lernten sie den Inhalt ihrer
Schmutzig gekauften Bücher auswendig im Schweiß
    ihres Angesichts
Lernten den Lehrern die Stiefel lecken und
Ihre eigenen Mütter verachten.

Die kleinen Posten der ärmeren Schüler aus den Vorstädten
Lagen unter dem Boden. Ihre Kontorstühle
Hatten keine Sitze. Ihre Aussichten
Bestanden aus den Wurzeln der kurzen Pflanzen. Wozu
    hat man sie
Griechische Grammatik lernen lassen und Cäsars Feldzüge
Die Formel des Sulphurs und die Zahl π?
In den flandrischen Massengräbern, für die sie
    vorgesehen waren
Was brauchten sie da anders als
Ein wenig Kalk?

DIE GROSSE DECKE

Der Gouverneur, von mir befragt, was nötig wäre
Den Frierenden in unsrer Stadt zu helfen
Antwortete: Eine Decke, zehntausend Fuß lang
Die die ganzen Vorstädte einfach zudeckt.

Po Chü-yi (772-846)

Ihre Mütter haben mit Schmerzen geboren, aber ihre Frauen
Empfangen mit Schmerzen.

Der Liebesakt
Soll nicht mehr gelingen. Die Vermischung erfolgt noch, aber
Die Umarmung ist eine Umarmung von Ringern. Die
Frauen
Haben den Arm zur Abwehr erhoben, während sie
Von ihren Besitzern umfangen werden.

Die ländliche Melkerin, berühmt
Wegen ihrer Fähigkeit, bei der Umarmung
Freude zu empfinden, sieht mit Spott
Auf ihre unglücklichen Schwestern in Zobelpelzen
Denen jedes Lüpfen des gepflegten Hinterns bezahlt wird.

Der geduldige Brunnen
Der so viele Geschlechter getränkt hat
Sieht mit Entsetzen wie das letzte
Ihm den Trunk entreißt mit verbissener Miene.

Jedes Tier kann es. Unter diesen
Gilt es für eine Kunst.

BALLADE VON DER »JUDENHURE« MARIE SANDERS

1
In Nürnberg machten sie ein Gesetz
Darüber weinte manches Weib, das
Mit dem falschen Mann im Bett lag.
»Das Fleisch schlägt auf in den Vorstädten
Die Trommeln schlagen mit Macht
Gott im Himmel, wenn sie etwas vorhätten
Wäre es heute nacht.«

2
Marie Sanders, dein Geliebter
Hat zu schwarzes Haar.
Besser, du bist heute zu ihm nicht mehr
Wie du zu ihm gestern warst.
»Das Fleisch schlägt auf in den Vorstädten
Die Trommeln schlagen mit Macht
Gott im Himmel, wenn sie etwas vorhätten
Wäre es heute nacht.«

3
Mutter, gib mir den Schlüssel
Es ist alles halb so schlimm.
Der Mond sieht aus wie immer.
»Das Fleisch schlägt auf in den Vorstädten
Die Trommeln schlagen mit Macht
Gott im Himmel, wenn sie etwas vorhätten
Wäre es heute nacht.«

4
Eines Morgens, früh um neun Uhr
Fuhr sie durch die Stadt
Im Hemd, um den Hals ein Schild, das Haar geschoren.
Die Gasse johlte. Sie
Blickte kalt.

»Das Fleisch schlägt auf in den Vorstädten
Der Streicher spricht heute nacht.
Großer Gott, wenn wir ein Ohr hätten
Wüßten wir, was man mit uns macht.«

DER PFLAUMENBAUM

Im Hofe steht ein Pflaumenbaum
D e r ist klein, man glaubt es kaum.
Er hat ein Gitter drum
So tritt ihn keiner um.

Der Kleine kann nicht größer wer'n.
Ja größer wer'n, das möcht er gern.
's ist keine Red davon
Er hat zu wenig Sonn.

Den Pflaumenbaum glaubt man ihm kaum
Weil er nie eine Pflaume hat
Doch er ist ein Pflaumenbaum
Man kennt es an dem Blatt.

INBESITZNAHME DER GROSSEN METRO DURCH DIE MOSKAUER ARBEITERSCHAFT AM 27. APRIL 1935

Wir hörten: 80 000 Arbeiter
Haben die Metro gebaut, viele noch nach der täglichen
Arbeit
Oft die Nächte durch. Während dieses Jahres
Hatte man immer junge Männer und Mädchen
Lachend aus den Stollen klettern sehen, ihre Arbeitsanzüge
Die lehmigen, schweißdurchnäßten, stolz vorweisend.
Alle Schwierigkeiten –
Unterirdische Flüsse, Druck der Hochhäuser
Nachgebende Erdmassen – wurden besiegt. Bei der
Ausschmückung
Wurde keine Mühe gespart. Der beste Marmor
Wurde weit hergeschafft, die schönsten Hölzer
Sorgfältig bearbeitet. Beinahe lautlos
Liefen schließlich die schönen Wagen
Durch taghelle Stollen: für strenge Besteller
Das Allerbeste.
Als nun die Bahn gebaut war nach den vollkommensten
Mustern
Und die Besitzer kamen, sie zu besichtigen und
Auf ihr zu fahren, da waren es diejenigen
Die sie gebaut hatten.
Es waren da Tausende, die herumgingen
Die riesigen Hallen besichtigend, und in den Zügen
Fuhren große Massen vorbei, die Gesichter –
Männer, Frauen und Kinder, auch Greise –
Den Stationen zugewandt, strahlend wie im Theater, denn
die Stationen
Waren verschieden gebaut, aus verschiedenen Steinen
In verschiedener Bauart, auch das Licht
Kam aus immer anderer Quelle. Wer in die Wagen einstieg
Wurde in fröhlichem Gedränge nach hinten geschoben
Da die Vorderplätze zur Besichtigung der Stationen

Die besten waren. An jeder Station
Wurden die Kinder hochgehoben. Möglichst oft
Stürmten die Fahrenden hinaus und betrachteten
Mit fröhlicher Strenge das Geschaffene. Sie befühlten die
Pfeiler
Und begutachteten ihre Glätte. Mit den Schuhen
Fuhren sie über die Steinböden, ob die Steine
Auch gut eingefügt seien. Zurückströmend in die Wagen
Prüften sie die Bespannung der Wände und griffen
An das Glas. Immerfort
Wiesen Frauen und Männer – unsicher, ob es die richtigen
waren –
Auf Stellen, wo sie gearbeitet hatten: das Gestein
Trug die Spuren ihrer Hände. Jedes Gesicht
War gut sichtbar, denn es gab viel Licht
Vieler Lampen, mehr als in irgendeiner Bahn, die ich
gesehen habe.
Auch die Stollen waren beleuchtet, kein Meter Arbeit
War unbeleuchtet. Und all dies
War in einem einzigen Jahr gebaut worden und von so
vielen Bauleuten
Wie keine andere Bahn der Welt. Und keine
Andere Bahn der Welt hatte je so viele Besitzer.

Denn es sah der wunderbare Bau
Was keiner seiner Vorgänger in vielen Städten vieler Zeiten
Jemals gesehen hatte: als Bauherren die Bauleute!
Wo wäre dies je vorgekommen, daß die Frucht der Arbeit
Denen zufiel, die da gearbeitet hatten? Wo jemals
Wurden die nicht vertrieben aus dem Bau
Die ihn errichtet hatten?
Als wir sie fahren sahen in ihren Wagen
Den Werken ihrer Hände, wußten wir:
Dies ist das große Bild, das die Klassiker einstmals
Erschüttert voraussahen.

AN DIE NACHGEBORENEN

I

Wirklich, ich lebe in finsteren Zeiten!
Das arglose Wort ist töricht. Eine glatte Stirn
Deutet auf Unempfindlichkeit hin. Der Lachende
Hat die furchtbare Nachricht
Nur noch nicht empfangen.

Was sind das für Zeiten, wo
Ein Gespräch über Bäume fast ein Verbrechen ist
Weil es ein Schweigen über so viele Untaten einschließt!
Der dort ruhig über die Straße geht
Ist wohl nicht mehr erreichbar für seine Freunde
Die in Not sind?

Es ist wahr: ich verdiene noch meinen Unterhalt
Aber glaubt mir: das ist nur ein Zufall. Nichts
Von dem, was ich tue, berechtigt mich dazu, mich
        sattzuessen.
Zufällig bin ich verschont. (Wenn mein Glück aussetzt, bin
        ich verloren.)

Man sagt mir: Iß und trink du! Sei froh, daß du hast!
Aber wie kann ich essen und trinken, wenn
Ich dem Hungernden entreiße, was ich esse, und
Mein Glas Wasser einem Verdurstenden fehlt?
Und doch esse und trinke ich.

Ich wäre gerne auch weise.
In den alten Büchern steht, was weise ist:
Sich aus dem Streit der Welt halten und die kurze Zeit
Ohne Furcht verbringen
Auch ohne Gewalt auskommen
Böses mit Gutem vergelten
Seine Wünsche nicht erfüllen, sondern vergessen

Gilt für weise.
Alles das kann ich nicht:
Wirklich, ich lebe in finsteren Zeiten!

II

In die Städte kam ich zur Zeit der Unordnung
Als da Hunger herrschte.
Unter die Menschen kam ich zu der Zeit des Aufruhrs
Und ich empörte mich mit ihnen.
So verging meine Zeit
Die auf Erden mir gegeben war.

Mein Essen aß ich zwischen den Schlachten
Schlafen legte ich mich unter die Mörder
Der Liebe pflegte ich achtlos
Und die Natur sah ich ohne Geduld.
So verging meine Zeit
Die auf Erden mir gegeben war.

Die Straßen führten in den Sumpf zu meiner Zeit.
Die Sprache verriet mich dem Schlächter.
Ich vermochte nur wenig. Aber die Herrschenden
Saßen ohne mich sicherer, das hoffte ich.
So verging meine Zeit
Die auf Erden mir gegeben war.

Die Kräfte waren gering. Das Ziel
Lag in großer Ferne
Es war deutlich sichtbar, wenn auch für mich
Kaum zu erreichen.
So verging meine Zeit
Die auf Erden mir gegeben war.

III

Ihr, die ihr auftauchen werdet aus der Flut
In der wir untergegangen sind

Gedenkt
Wenn ihr von unseren Schwächen sprecht
Auch der finsteren Zeit
Der ihr entronnen seid.

Gingen wir doch, öfter als die Schuhe die Länder wechselnd
Durch die Kriege der Klassen, verzweifelt
Wenn da nur Unrecht war und keine Empörung.

Dabei wissen wir doch:
Auch der Haß gegen die Niedrigkeit
Verzerrt die Züge.
Auch der Zorn über das Unrecht
Macht die Stimme heiser. Ach, wir
Die wir den Boden bereiten wollten für Freundlichkeit
Konnten selber nicht freundlich sein.

Ihr aber, wenn es so weit sein wird
Daß der Mensch dem Menschen ein Helfer ist
Gedenkt unsrer
Mit Nachsicht.

Ihr freundlichen bayrischen Wälder, ihr Mainstädte
Fichtenbestandene Rhön, du, schattiger Schwarzwald
Ihr sollt bleiben.
Thüringens rötliche Halde, sparsamer Strauch der Mark
    und
Ihr schwarzen Städte der Ruhr, von Eisenkähnen
    durchzogen, warum
Sollt ihr nicht bleiben?
Auch du, vielstädtiges Berlin
Unter und über dem Asphalt geschäftig, kannst bleiben
    und ihr
Hanseatische Häfen bleibt und Sachsens
Wimmelnde Städte, ihr bleibt und ihr schlesischen Städte
Rauchüberzogene, nach Osten blickende, bleibt auch.
Nur der Abschaum der Generäle und Gauleiter
Nur die Fabrikherren und Börsenmakler
Nur die Junker und Statthalter sollen verschwinden.
Himmel und Erde und Wind und das von den Menschen
    Geschaffene
Kann bleiben, aber
Das Geschmeiß der Ausbeuter, das
Kann nicht bleiben.

DIE WAHRE GESCHICHTE VOM RATTENFÄNGER VON HAMELN

Der Rattenfänger von Hameln
Durch die Stadt ist er gegangen
Hat mit seinem Pfeifen all die
Tausend Kindlein eingefangen.
  Er pfiff hübsch. Er pfiff lang.
  's war ein wunderbarer Klang.

Der Rattenfänger von Hameln
Aus der Stadt wollt er sie retten
Daß die Kindlein einen bessern
Ort zum Größerwerden hätten.
  Er pfiff hübsch. Er pfiff lang.
  's war ein wunderbarer Klang.

Der Rattenfänger von Hameln
Wohin hat er sie verführet?
Denn die Kleinen waren alle
Tief im Herzen aufgerühret.
  Er pfiff hübsch. Er pfiff lang.
  's war ein wunderbarer Klang.

Der Rattenfänger von Hameln
Als er aus der Stadt gegangen
Hat ihm, heißt es, sein Gepfeife
Selbst die Sinne eingefangen.
  Ich pfeif hübsch. Ich pfeif lang.
  's ist ein wunderbarer Klang.

Der Rattenfänger von Hameln
Um den Berg ist er gebogen
Hat die Kindlein aus Versehen
In die Stadt zurückgezogen.

Pfiff zu hübsch. Pfiff zu lang.
’s war zu wunderbar ein Klang.

Den Rattenfänger von Hameln
Haben sie am Markt gehangen
Aber um sein Pfeifen, Pfeifen
Ist noch lang die Red gegangen.
Er pfiff hübsch. Er pfiff lang.
’s war ein wunderbarer Klang.

NACHDENKEND ÜBER DIE HÖLLE

Nachdenkend, wie ich höre, über die Hölle
Fand mein Bruder Shelley, sie sei ein Ort
Gleichend ungefähr der Stadt London. Ich
Der ich nicht in London lebe, sondern in Los Angeles
Finde, nachdenkend über die Hölle, sie muß
Noch mehr Los Angeles gleichen.

Auch in der Hölle
Gibt es, ich zweifle nicht, diese üppigen Gärten
Mit den Blumen, so groß wie Bäume, freilich verwelkend
Ohne Aufschub, wenn nicht gewässert mit sehr teurem
Wasser. Und Obstmärkte
Mit ganzen Haufen von Früchten, die allerdings
Weder riechen noch schmecken. Und endlose Züge von
Autos
Leichter als ihr eigener Schatten, schneller als
Törichte Gedanken, schimmernde Fahrzeuge, in denen
Rosige Leute, von nirgendher kommend, nirgendhin
fahren.
Und Häuser, für Glückliche gebaut, daher leerstehend
Auch wenn bewohnt.

Auch die Häuser in der Hölle sind nicht alle häßlich.
Aber die Sorge, auf die Straße geworfen zu werden
Verzehrt die Bewohner der Villen nicht weniger als
Die Bewohner der Baracken.

Aber auch ich auf dem letzten Boot
Sah noch den Frohsinn des Frührots im Takelzeug
Und der Delphine graulichte Leiber, tauchend
Aus der Japanischen See.
Und die Pferdewäglein mit dem Goldbeschlag
Und die rosa Armschleier der Matronen
In den Gassen des gezeichneten Manila
Sah auch der Flüchtling mit Freude.
Die Öltürme und dürstenden Gärten von Los Angeles
Und die abendlichen Schluchten Kaliforniens und die
Obstmärkte
Ließen auch den Boten des Unglücks
Nicht kalt.

ANGESICHTS DER ZUSTÄNDE IN DIESER STADT

Angesichts der Zustände in dieser Stadt
Handle ich so:
Wenn ich eintrete, sage ich meinen Namen und zeige
Die Papiere, die ihn belegen mit Stempeln, die
Nicht gefälscht sein können.
Wenn ich etwas sage, führe ich Zeugen an, für deren
  Glaubwürdigkeit
Ich Belege habe.
Wenn ich schweige, gebe ich meinem Gesicht
Einen Ausdruck der Leere, damit man sieht:
Ich denke nicht nach.
So
Erlaube ich niemandem, mir zu glauben. Jedes Vertrauen
Lehne ich ab.

Dies tue ich, weil ich weiß: der Zustand dieser Stadt
Macht zu glauben unmöglich.

Dennoch geschieht es mitunter –
Ich bin zerstreut oder beschäftigt –
Daß ich überrumpelt werde und gefragt
Ob ich kein Schwindler bin, nicht gelogen habe, nichts
Bestimmtes im Schilde führe.
Und ich
Werde immer noch verwirrt, rede unsicher und verschweige
Alles, was für mich spricht, sondern
Schäme mich.

JUNGER MANN AUF DER ROLLTREPPE
(Im Stil des T. S. Eliot)

Sohn des Mannes, der das Haus erwarb
Wenn du jetzt hinunterfährst
Hoffte jener, als er starb
Daß du dich bewährst.

Wird dir da dein Fuß verletzt
Dauert's lange, bis er heilt
Eben war der Boden, der sich jetzt
Plötzlich teilt.

Spürst du unter deinem Fuß
Stufen auseinandergleiten
Ahnst du, daß man wohl beizeiten
Steigen oder fallen muß?

Stufe steigt und Stufe sinkt
Vor den Fuß? Den Fuß zurück?
Meinst du, den, dem's nicht gelingt
Heilt das Glück?

Gut. Du nimmst die obere Stufe.
Doch nun merkst du wohl: verschwunden
Sind des Tages Licht und Rufe.
Ach, die ganze lange Treppe fließt nach unten!

Und sie nimmt dich mit.
Weißt du es nun ganz?
Du auf dieser Treppe, Sohn des Manns
Der auf ebenem Boden schritt.

HOLLYWOOD

Jeden Morgen, mein Brot zu verdienen
Gehe ich auf den Markt, wo Lügen gekauft werden.
Hoffnungsvoll
Reihe ich mich ein zwischen die Verkäufer.

HOLLYWOOD-ELEGIEN

I

Das Dorf Hollywood ist entworfen nach den Vorstellungen
Die man hierorts vom Himmel hat. Hierorts
Hat man ausgerechnet, daß Gott
Himmel und Hölle benötigend, nicht zwei
Etablissements zu entwerfen brauchte, sondern
Nur ein einziges, nämlich den Himmel. Dieser
Dient für die Unbemittelten, Erfolglosen
Als Hölle.

II

Am Meer stehen die Öltürme. In den Schluchten
Bleichen die Gebeine der Goldwäscher. Ihre Söhne
Haben die Traumfabriken von Hollywood gebaut.
Die vier Städte
Sind erfüllt von dem Ölgeruch
Der Filme.

III

Die Stadt ist nach den Engeln genannt
Und man begegnet allenthalben Engeln.
Sie riechen nach Öl und tragen goldene Pessare
Und mit blauen Ringen um die Augen
Füttern sie allmorgendlich die Schreiber in ihren
Schwimmpfühlen.

IV

Unter den grünen Pfefferbäumen
Gehen die Musiker auf den Strich, zwei und zwei
Mit den Schreibern. Bach
Hat ein Strichquartett im Täschchen. Dante schwenkt
Den dürren Hintern.

V

Die Engel von Los Angeles
Sind müde vom Lächeln. Am Abend
Kaufen sie hinter den Obstmärkten
Verzweifelt kleine Fläschchen
Mit Geschlechtsgeruch.

VI

Über den vier Städten kreisen die Jagdflieger
Der Verteidigung in großer Höhe
Damit der Gestank der Gier und des Elends
Nicht bis zu ihnen heraufdringt.

LIEFERE DIE WARE!

Immer wieder
Wenn ich durch ihre Städte laufe
Einen Unterhalt suchend, wird mir gesagt:
Zeige, was in dir ist
Auf den Tisch damit!
Liefere die Ware!

Sage etwas, was uns begeistert!
Erzähle uns von unserer Größe!
Errate unsere geheimen Wünsche!
Zeige uns den Ausweg
Mach dich nützlich!
Liefere die Ware!

Stelle dich zu uns, damit
Du uns überragst
Zeige dich als einer von uns, wir
Werden dich den Besten nennen.
Wir können bezahlen, wir haben die Mittel
Niemand außer uns kann es.
Liefere die Ware!

Wisse, unsere großen Zeiger
Sind die zeigen, was wir gezeigt haben wollen.
Herrsche, indem du uns bedienst!
Daure, indem du uns Dauer verschaffst!
Spiele unser Spiel mit, wir teilen die Beute!
Liefere die Ware! Sei ehrlich mit uns!
Liefere die Ware!

Wenn ich in ihre verfaulenden Gesichter sehe
Vergeht mir der Hunger.

Lange bevor über uns die Bomber erschienen
Waren unsere Städte schon
Unbewohnbar. Den Unrat
Schwemmte uns
Keine Kanalisation aus.

Lange bevor wir gefallen in ziellosen Schlachten
Gehend noch durch die Städte, die dann noch standen
Waren schon unsere Frauen
Witwen uns und die Kinder uns Waisen.

Lange bevor uns in Gruben geworfen die selber
Gezeichneten
Waren wir freudlos. Das, was der Kalk uns
Wegfraß, waren
Gesichter nicht mehr.

RÜCKKEHR

Die Vaterstadt, wie find ich sie doch?
Folgend den Bomberschwärmen
Komm ich nach Haus.
Wo denn liegt sie? Wo die ungeheueren
Gebirge von Rauch stehn.
Das in den Feuern dort
Ist sie.

Die Vaterstadt, wie empfängt sie mich wohl?
Vor mir kommen die Bomber. Tödliche Schwärme
Melden euch meine Rückkehr. Feuersbrünste
Gehen dem Sohn voraus.

BERICHT DES SOHNES

Als ich die Stadt betrat, die mir der Vater
Beschrieben hatte, als die schönste, ging ich
Sofort vom Bahnhof aus zu finden
Jene breite Straße, die er mir nannte jene *breite* Straße.
Mit Ungeduld ging ich durch ein paar Straßen
Und fragte schließlich einen der vorbeiging
Wo jene breite Straße sei, da sagte
Mir jener: hier, in der wir eben sind.

STÄDTISCHE LANDSCHAFT

1
Ihr Ausgegabelten aus den Sardinenbüchsen
Einzelne wieder, Pläne eurer Mütter
Zwischen Teller und Lippe, noch einmal
Mit seltsamem Aug, vielleicht einer eigenen Brau!
Triefend vom Öl des Zuspruchs und des Trostes
Der euch frisch hält, etwas flachgedrückt
Mit Bügelfalten, ihr Buchhalter, euch
Suche ich auf, der Städte
Gepriesenen Inhalt!

2
Aus dem Gossenwasser
Wird noch Gold gewaschen.
Der große Entlassene
Über den Dächern, der Rauch
Begibt sich hinweg.

3
Im Hinterhof hängt Wäsche: eines Weibes
Rosa Hose, der Wind
Fährt hinein.

4
Die Stadt schläft. Sie schlingt
Heißhungrig ihren Schlaf hinunter. Gurgelnd
Liegt sie in der Gosse, heimgesucht
Von unzüchtigen Träumen und
Nahrungssorgen.

5
Die Menschenströme
Überfüllen die Geschäftsviertel
Die in der Nacht gesäubert wurden

Von dem Schmutz und den Verheerungen der
Menschenströme
Vom Tag vorher.

6
In den trüben Menschenströmen
Die an die Häuserwände klatschen
Schwimmen Zeitungsblätter.
Die Monumente umspülen und
In die Kontorgebäude hochsteigen.

7
Die neun Völker der Stadt, schlafen
Erschöpft
Von ihren Lastern und den Lastern der anderen.
Die Werkzeuge
Liegen bereit für die morgige Arbeit. Durch die leeren
Straßen
Hallen die Schritte der Wächter.
Auf einem Feld weit weg
Erheben sich schwer
Die Bombenplane.

E. P. AUSWAHL SEINES GRABSTEINS

Die Herstellung von Versteinerungen
Ist ein mühsames Geschäft und
Kostspielig. Ganze Städte
Müssen in Schutt gelegt werden
Und unter Umständen umsonst
Wenn die Fliege oder der Farn
Schlecht plaziert wurde. Überdies
Ist der Stein unserer Städte nicht haltbar
Und auch Versteinerungen
Halten sich nicht sicher.

ADRESSE DES STERBENDEN DICHTERS AN DIE JUGEND

Ihr jungen Leute kommender Zeiten und
Neuer Morgenröten über Städten, die
Noch nicht gebaut sind, auch
Ungeborene ihr, vernehmt
Meine Stimme jetzt, der ich gestorben bin
Und nicht ruhmvoll.
Sondern
Wie ein Bauer, der sein Feld nicht bestellt hat und
Wie ein Zimmermann, der faul weggelaufen ist
Vom offenen Dachstuhl.

So habe ich
Meine Zeit versäumt, meine Tage verschwendet
        und nun
Muß ich euch bitten
All das nicht Gesagte zu sagen
All das nicht Getane zu tun und mich
Schnell zu vergessen, ich bitt euch, damit nicht
Mein schlechtes Beispiel auch euch noch verführe.

Ach, warum saß ich doch
Am Tisch der Unfruchtbaren, mitessend das Mahl
Das sie nicht bereitet hatten?

Ach, warum mischte ich
Meine besten Worte in ihr
Müßiges Geschwätz? Aber draußen
Gingen die Unbelehrten
Dürstend nach Belehrung.

Ach, warum
Steigen meine Lieder nicht auf von den Orten, wo
Die Städte genährt werden, dort, wo sie Schiffe bauen,
        warum

Steigen sie nicht aus den schnell fahrenden
Lokomotiven der Züge wie Rauch, der
Im Himmel zurückbleibt?

Weil meine Rede
Den Nützlichen und Schaffenden
Wie Asche im Mund ist und trunknes Gestammel.

Nicht ein Wort
Weiß ich für euch, ihr Geschlechter kommender Zeiten
Nicht einen Hinweis mit unsicherem Finger
Könnt ich euch geben, denn wie
Könnte den Weg weisen, der
Ihn nicht gegangen ist!

Also verbleibt mir, der ich mein Leben
So vergeudet habe, nur, euch aufzufordern
Kein Gebot zu achten, das aus unserem
Faulen Maule kommt und keinen
Rat entgegenzunehmen von denen, die
So versagt haben, sondern
Nur aus euch heraus zu bestimmen, was euch
Gut ist und euch
Hilft, das Land zu bebauen, das wir verfallen ließen, und
Die wir verpesteten, die Städte
Bewohnbar zu machen.

GRABSCHRIFT FÜR KARL LIEBKNECHT

Hier liegt
Karl Liebknecht
Der Kämpfer gegen den Krieg
Als er erschlagen wurde
Stand unsere Stadt noch.

ALS UNSERE STÄDTE IN SCHUTT LAGEN

Als unsere Städte in Schutt lagen
Verwüstet durch den Krieg des Schlächters
Haben wir begonnen, sie wieder aufzubauen
In der Kälte, im Hunger, in der Schwäche.

Die Eisenkärren mit dem Schutt
Zogen wir selber, wie in grauer Vorzeit.
Mit den nackten Händen gruben wir Ziegel aus
Um unsre Kinder nicht in fremde Fron zu verkaufen.

Dann machten wir für diese unsere Kinder
In den Schulen Platz und säuberten die Schulen
Und reinigten das Wissen der Jahrhunderte
Vom alten Schmutz, daß es gut für sie sei.

DIE PAPPEL VOM KARLSPLATZ

Eine Pappel steht am Karlsplatz
Mitten in der Trümmerstadt Berlin
Und wenn Leute gehn übern Karlsplatz
Sehen sie ihr freundlich Grün.

In dem Winter sechsundvierzig
Fror'n die Menschen, und das Holz war rar
Und es fielen da viele Bäume
Und es wurd ihr letztes Jahr.

Doch die Pappel dort am Karlsplatz
Zeigt uns heute noch ihr grünes Blatt:
Seid bedankt, Anwohner vom Karlsplatz
Daß man sie noch immer hat!

NACHKRIEGSLIEDCHEN

Tanz, Kreisel, tanz!
Die Straß ist wieder ganz.
Der Vater baut ein großes Haus
Die Mutter sucht die Steine aus.
Tanz, Kreisel, tanz!

Flieg, Drache, flieg!
Am Himmel ist kein Krieg.
Und reißt die Schnur, dann fliegt das Ding
Hoch über Moskau bis Peking.
Flieg, Drache, flieg!

O VENEZIA!

O Venezia, Stadt der Träume
Die du reich machst deine ärmsten Kinder
Mit der Weiße deiner Tauben
Und der Bläue deiner Himmel!

O Venezia, Stadt der Träume
Die du stirbst und hast für deine Kinder
Und für all ihr goldnes Nichtstun
Nur das Meersalz und die Feige!

O Venezia, Stadt der Träume
Fremde eilen her und sehn dich sterben
Sehn die Tauben, sehn die Himmel
Und wir, deine Kinder, erben.

GROSSE ZEIT, VERTAN

Ich habe gewußt, daß Städte gebaut wurden
Ich bin nicht hingefahren.
Das gehört in die Statistik, dachte ich
Nicht in die Geschichte.

Was sind schon Städte, gebaut
Ohne die Weisheit des Volkes?

BEI DER LEKTÜRE EINES SPÄTGRIECHISCHEN DICHTERS

In den Tagen, als ihr Fall gewiß war –
Auf den Mauern begann schon die Totenklage
Richteten die Troer Stückchen grade, Stückchen
In den dreifachen Holztoren, Stückchen.
Und begannen Mut zu haben und gute Hoffnung.

Auch die Troer also.

DER STEINFISCHER

Der große Fischer ist wieder erschienen. Er sitzt in seinem morschen Boot und fischt, wenn früh die erste Lampe aufflammt und wenn die letzte am Abend gelöscht wird. Die Dorfbewohner sitzen auf dem Kies der Böschung und sehen ihm grinsend zu. Er fischt nach Heringen, aber er zieht nur Steine hoch.
Alles lacht. Die Männer schlagen sich auf die Schenkel, die Weiber halten sich die Bäuche, die Kinder springen hoch in die Luft vor Lachen.
Wenn der große Fischer sein brüchiges Netz hochzieht und die Steine drin findet, verbirgt er sie nicht, sondern langt weit aus mit dem braunen starken Arm, greift den Stein, hält ihn hoch und zeigt ihn den Unglücklichen.

OH, IHR UNGLÜCKLICHEN

Oh, ihr Unglücklichen!
Euerm Bruder wird Gewalt angetan, und ihr kneift die
Augen zu!
Der Getroffene schreit laut auf, und ihr schweigt?
Der Gewalttätige geht herum und wählt sein Opfer
Und ihr sagt: uns verschont er, denn wir zeigen kein Miß-
fallen.
Was ist das für eine Stadt, was seid ihr für Menschen!
Wenn in einer Stadt ein Unrecht geschieht, muß ein Aufruhr
sein
Und wo kein Aufruhr ist, da ist es besser, daß die Stadt
untergeht
Durch ein Feuer, bevor es Nacht wird!

EPILOG

Zuschauer, wisse, die Hauptstadt von Sezuan
In der man nicht zugleich gut sein und leben kann
Besteht nicht mehr. Sie mußte untergehn.
Doch gibt's noch viele, die ihr ähnlich sehn.
Tut einer Gutes dort, frißt ihn die nächste Maus
Die Untat aber zahlt sich dorten aus.
Zuschauer, wohnst du selber in solcher Stadt
Bau sie schnell um, eh sie dich gefressen hat!
Kein größeres Glück gibt es auf Erden nun
Als gut sein dürfen und Gutes tun.

Aus: Der gute Mensch von Sezuan

Nachwort des Herausgebers

»Als heroische Landschaft habe ich die Stadt, als Gesichtspunkt die Relativität, als Situation den Einzug der Menschheit in die großen Städte zu Beginn des dritten Jahrtausends.«
Brecht, *Autobiographische Aufzeichnungen,* Ende Juli 1926

»Dem gleich ich, der den Backstein mit sich trug
Der Welt zu zeigen, wie sein Haus aussah.«
Brecht, Motto für *Steffinische Sammlung*

1.
Es bedeutet eine Rechtfertigung und zugleich die beste Einführung in die Lektüre dieser Gedichte für Städtebewohner, daß die Sammlung zu einem Zeitpunkt erscheint, in dem der kapitalistische Westen sich in einer schweren Krise befindet. Das hohe dichterische Niveau der Gedichte gewinnt auf diese Weise wenigstens einen Teil des ihnen vom Autor beigemessenen praktischen Wertes und der Brauchbarkeit für den Alltag zurück, die für viele von ihnen die Grundlage bilden. Denn hätte man die Sammlung auch nur vor nicht allzu langer Zeit – in jenen Jahren des Wirtschaftsaufschwungs, den man ohne Ende glaubte – den Städtebewohnern angeboten, die gewohnt waren, Straßenunruhen, Demonstrationszüge und Elendsviertel an der Peripherie nur für unschädliches Archivmaterial zu halten, etwa wie die Dokumentarfilme über die ersten Jahrzehnte unseres Jahrhunderts, dann wäre der Kreis ihrer Leser klein gewesen. Viele dieser Verse hätten wie das Echo einer fernen Zeit geklungen und denjenigen neue Argumente geliefert, die Brecht zu den Klassikern der Vergangenheit abschieben möchten, die unter der Asche und den Trümmern des letzten Weltkrieges begraben liegen. Aber heute setzt die historische Dialektik wieder Bilder und Themen auf

die Tagesordnung, die der Wirtschaftsübermut unseren Augen erspart und aus unserem moralischen Horizont weggefegt zu haben schien.

Das Thema der Großstadt ist eines davon. Brecht hat sich ausführlich damit auseinandergesetzt und eine lyrische Tradition, die im 19. Jahrhundert mit den Anfängen der Massengesellschaft entstanden war und ihre Höhepunkte in Baudelaire und den expressionistischen Dichtern hatte, fortgesetzt – aber auch aufgebraucht. Die Konstante dieser poetischen Linie ist der Zusammenstoß von Individuum und Masse; der Ort, wo er sich auf traumatische Weise vollzieht, ist die Stadt. Das gilt auch für Brecht. Aber wenn die Elemente auch geschichtlich gleich bestimmt sind, ihre Bearbeitungen durch die Dichter sind es nicht. Solche Verschiedenheit zu sehen und zu verstehen, mag es ausreichen, einen Vers aus Baudelaires *Le goût du néant*:

> Le Printemps adorable a perdu son odeur.[1]

dem Beginn von Brechts *Über das Frühjahr* gegenüberzustellen, in dem das gleiche Motiv behandelt wird:

> Lange bevor
> Wir uns stürzten auf Erdöl, Eisen und Ammoniak
> Gab es in jedem Jahr
> Die Zeit der unaufhaltsam und heftig grünenden Bäume.
> Wir alle erinnern uns
> Verlängerter Tage
> Helleren Himmels
> Änderung der Luft
> Des gewiß kommenden Frühjahrs.
> Noch lesen wir in Büchern
> Von dieser gefeierten Jahreszeit
> Und doch sind schon lange
> Nicht mehr gesichtet worden über unseren Städten
> Die berühmten Schwärme der Vögel.[2]

Bei beiden herrscht die Sicherheit eines endgültigen Verlusts vor, aber bei Brecht ersetzt die Anhäufung objektiver Feststellungen die subjektive Empfindung, die sich aus dem Wort *odeur* erschließt. Jetzt wird man besser die Stelle verstehen, an der Brecht so entschieden mit der »Nervosität« Baudelaires polemisiert, die nach einer subtilen Interpretation Benjamins aus dem Widerspruch entstanden ist, sich von der Masse in der Stadt angezogen und abgestoßen zu fühlen: »Die Nervosität seiner Gedichte wäre nicht schlecht, es wird weiter Großstädte geben, aber es ist zu sehr die Nervosität des schlechten Gewissens, zu einer Zeit, wo es Leute mit gar keinem Gewissen gab, abgesehen von denen mit gutem. Dafür entschädigt der Zynismus nicht. Und die große Verwirrung ist nicht eigentlich Gegenstand dieser Gedichte, sondern ihr Schicksal.«[3] Aber mit diesem Zitat befinden wir uns schon in einer Phase, wo die Loslösung von der Tradition bewußt ist. Für den jungen Brecht ist die Frage dagegen vielschichtiger.

Das umstrittene Verhältnis Brechts zum Expressionismus – meistens oberflächlich behandelt und jedenfalls auf einen kurzen Zeitraum beschränkt – kann neuen Interpretationen Raum geben, wenn es nicht wie üblich aus der Sicht des Theaters, sondern aus einer thematischen Perspektive gesehen und das poetische Werk des Dichters als Untersuchungsmaterial genommen wird. Dann ist zu sehen, wie Brecht, der doch nie allzu gütig mit der Dichtergeneration vor ihm umgegangen ist, in Wirklichkeit ihr Schuldner war. Nämlich dort, wo der Expressionismus der Dichtung des Jahrhunderts seinen eigenständigsten und dauerhaftesten Stempel aufgedrückt hatte: beim Thema der Stadt als »natürlicher« Landschaft des zeitgenössischen Menschen, und das lange bevor die Neue Sachlichkeit und die Asphaltliteratur aufgetreten waren. Andrerseits ist das Stadtmotiv bei Brecht so zentral, kehrt in so zahlreichen Schattierungen und Metaphern wieder und tritt in nahezu allen Phasen des ununterbrochenen dichterischen Experimentierens auf, daß es die zeitliche Begrenzung der Jugend sprengt. Man muß sich fragen, ob es nicht mehr bedeutet als den üblichen Tribut, den jeder junge Dichter dem kulturellen Milieu leistet, das ihn geformt hat. Dazu ist als erstes zu sagen, daß es sich um ein Erbe handelte, das Brecht nicht unbefangen, sondern mit allen Vorbehalten angetreten hat, weil er der mystisch angehauchten Haltung, die den Expressionisten gemein war, ein instinktives, schon an Ablehnung grenzendes Mißtrauen entgegenbrachte. Ihre umwerfende Entdeckung des Stadtuniversums eröffnete ihnen einerseits eine unerhört neue und konkrete Welt – objektiv gesehen die der modernen Dichtung angemessenste –, wurde aber gleichzeitig von ihrer besessen subjektivistischen Sehweise umgestürzt und angegriffen, so daß sich ihnen die Möglichkeit verschloß, sich mit der eigentlichen geschichtlich-sozialen Substanz des Prozesses auseinanderzusetzen, gegen den sich ihr entsetzter Schrei erhob. In diesem Gegensatz von Objektivität der Welt und Subjektivität der Antwort darauf – aus dem der Expressionismus lebt – mußte in den gespenstisch fahlen Großstadtlichtern und unter dem drohenden Druck sich auf das Einzelindividuum neigender Hochhäuser die nackte Verletzlichkeit der menschlichen Kreatur noch dramatischer erscheinen, wenn sie auf ihrem modernen Kreuzweg auf einem Zementberg an jeder Station ihr Schicksal als Opferlamm bestätigt sah. In diesem Sinn kann der absolute Subjektivismus auch als Verteidigung bis aufs äußerste des Individuums gegen den Ansturm der Massengesellschaft gesehen werden, und sein schriller Schrei als letzter Versuch des isolierten Menschen gewertet werden, der im Sog des Meeres der Objektivität die Aufmerksamkeit auf sich lenken will. Bei den Expressionisten erscheint die Masse wie eine drängende Flut und das Ende der bürgerlichen Welt tout court als *Weltende*. Ein bekanntes Gedicht von Jakob van Hoddis mit diesem Titel faßt alle diese Elemente zusammen:

Dem Bürger fliegt vom spitzen Kopf der Hut,
In allen Lüften hallt es wie Geschrei,
Dachdecker stürzen ab und gehn entzwei,
Und an den Küsten – liest man – steigt die Flut.[4]

In einer so drohenden Atmosphäre kann das Umherirren des Expressionisten in der Großstadt nicht mehr das Verweilen des Pariser *flâneur* sein, sondern bedeutet das Leerlaufen des Labyrinthbewohners. Benjamin hat die tiefere psychologische und wirtschaftliche Motivierung dafür intuiert: »Das Labyrinth ist der richtige Weg für den, der noch immer früh genug am Ziel ankommt. Dieses Ziel ist der Markt« (*Zentralpark*).[5] In Brechtschen Gedichten wie *Die Hölle der Enttäuscher* und vor allem in den *Hollywood-Elegien* oder in *Liefere die Ware!* erscheint die ganze Stadt und das Netz der zwischenmenschlichen Beziehungen unverhüllt wie ein großer Markt, wo das Gesetz von Angebot und Nachfrage herrscht. Auf diese Weise erweist sich bei Brecht die mystische oder pathetische Beziehung des Individuums zur Realität nicht nur säkularisiert, sondern wird auch einer eingehenden Kritik unterzogen. Er stellt der direkten oder indirekten Verherrlichung des Individuums bei den Expressionisten die Abwertung des Subjekts gegenüber. In dieser Grundhaltung findet sich, jenseits der formalen Frage von Daten und thematischen Analogien, das überzeugendste Argument für Brechts Antiexpressionismus. Ein Großteil der Gedichte aus der *Hauspostille* ist bereits auf dieses Ziel ausgerichtet, also lange vor dem *Lesebuch für Städtebewohner*, das dem systematischen Abbau der subjektivistischen Ansprüche und der Illusion des Einzelnen, vor dem vermassten Stadtuniversum in der eigenen Innerlichkeit Unterschlupf zu finden, gewidmet ist:

Aber bewahre einen Schnee im Topf auf!
Er wird schmutzig von selbst.[6]

Auch die Quintessenz eines Stückes wie *Im Dickicht der Städte* ist genau diese, daß in der modernen Massengesellschaft das Zusammentreffen von vereinzelten Individuen auf der Suche nach einer wie immer gearteten Beziehung zum Nächsten bei aller Entschlossenheit nicht mehr möglich ist. Die Kritik könnte kaum tiefer ins Herz der expressionistischen Ideologie stoßen.

2.

Die Großstadt wird also unmittelbar als Ort der Schulung wahrgenommen, eher noch als für die Leser für den Autor selbst. Wie Karl Kraus, eines seiner moralischen Vorbilder, erlitt auch Brecht den Schock der Asphaltstadt, und die Feststellung von Garga in *Im Dickicht* (»Wir sind in eine Stadt verschlagen mit den Gesichtern des flachen Lands«[7]) mit Reminiszenzen an einen berühmten Vers aus *Vom armen B. B.* ist ein autobiographisches Fragment, in dem sich das Kollektivtrauma der großen Stadtzuwanderung widerspiegelt. Von diesem aufwühlenden Zusammenstoß sind zwei Spuren geblieben. Die erste ist das *Lied am Schwarzen Samstag in der elften Stunde der Nacht vor Ostern* mit ineinander verflochtenen Motiven der Erotik und der Stadt. Hier wird der Sturm auf die Stadt wie ein bestürzend-erregender Einfall in eine Gegend erlebt, die gleichzeitig verführt und abstößt wie in früher Jugend der Körper der Frau. Die zweite Spur ist *O Falladah, die du hangest!*, die Geschichte eines mitten auf der Frankfurter Allee von gewöhnlichen Bürgern noch lebend zerstückelten Pferdes. Das Entsetzen dieser Szene klärt über die Natur des Schocks auf: die Stadt tötet, was lebt, nährt sich davon und zerstreut Namen und Erinnerung daran. In *Von den Resten älterer Zeiten* heißt es:

> .... Schon
> Erzählen die Mütter von Tieren
> Die Wägen zogen, Pferde geheißen.
> Freilich in den Gesprächen der Kontinente

Kommen sie nicht mehr vor mit ihrem Namen:
An den großen neuen Antennen
Ist von alter Zeit
Nichts mehr bekannt.[8]

Die Stadt kennt also keine Zeit außer der Gegenwart, hat keine Geschichte und kümmert sich nicht um morgen. Auf die Vergangenheit und das, was schwach ist, wird die »zermalmende Wucht der Städte« ausgeübt, wie es in einem Gedicht jener Jahre heißt. Auch die Natur, die andere Konstante in der poetischen Landschaft Brechts, kämpft einen harten Überlebenskampf gegen Eisen und Zement. Darum wendet sich Brecht mit Respekt und Bewunderung an den Baum Griehn (*Morgendliche Rede an den Baum Griehn*) oder lenkt die Aufmerksamkeit auf den kleinen Pflaumenbaum im Hof (*Der Pflaumenbaum*) oder auf die Pappel, die den Winter überstanden hat (*Die Pappel vom Karlsplatz*). Aber die Stadt ruft auch andere, beunruhigendere Pflanzenbilder hervor. Im zweiten Stück (*Trommeln in der Nacht,* 1919) lassen die Trommeln des Titels in der Großstadt ein zugleich kriegerisches und exotisches Echo erklingen. Von Anfang an schwebt dem jungen Brecht die Vorstellung der Stadt als Dschungel vor. Aber der allumfassende Charakter des Stadtuniversums steckt in noch ungewöhnlicheren Metaphern. Bei Brecht gilt nämlich nicht nur die abgegriffene Kriminalromangleichung Stadt = Dschungel, sondern auch ihr Gegenteil: in *Von des Cortez Leuten* wird der Wald, der in einer Nacht die conquistadores verschlingt, zum mächtigen Pflanzensymbol für das Verhältnis Stadt – Städtebewohner, zu einer unerwarteten Variante der »zermalmenden Wucht der Städte«, die das Lebende erstickt, zu einer phantastischen Verkörperung der unaufhaltsam wachsenden Welt der Dinge um uns, die den Fluchtweg auch unter heiterem Tropenhimmel versperren. So zeigen auch bei Benjamin in den *Städtebildern* die Steine eine ursprüngliche Lebenskraft: »Wie die Bewohner entlegener Bergdörfer einander bis auf

Tod und Siechtum versippt sein können, so haben sich die Häuser vertreppt und verwinkelt«.[9] Flucht ist also aussichtslos, unmöglich – man vergleiche dazu auch, wie das Thema in *Wohin zieht ihr?* abgehandelt wird. Hier ist Brecht, wie man so sagt, auf dem Tiefpunkt angelangt. Und jetzt entsteht jenes schreckliche Gedicht *Über die Städte*:

Unter ihnen sind Gossen
In ihnen ist nichts, und über ihnen ist Rauch.
Wir waren drinnen. Wir haben nichts genossen.
Wir vergingen rasch. Und langsam vergehen sie auch.[10]

Aber, wie so oft bei Brecht, ist die tiefste Verzweiflung die Bedingung für die Rettung (»Me-ti lehrte: Umwälzungen finden in Sackgassen statt«[11]). Das Gedicht trägt ein bedeutsames Datum: 1927 – die Zeit also, zu der Brecht beginnt, neue Instrumente der Gesellschaftsanalyse zu verwenden. Um den Anblick der kapitalistischen Stadt ertragen zu können – jener modernen Meduse, die zu Stein macht –, sieht Brecht sie mit den Augen des Historikers und setzt zwischen sich und die Schrecken der Stadt der Gegenwart eine Distanz, er verfremdet sie in der Zeit, indem er sie aus zukünftigen Zeiten betrachtet. Auf diese Weise kann er »die Denkmäler der Bourgeoisie als Ruinen sehen, bevor sie noch gefallen sind«[12]. Dieser Prozeß gelangt mit der sarkastischen Grabrede auf den *Verschollenen Ruhm der Riesenstadt New York* auf seinen Höhepunkt, gerade zur Zeit der großen Krise, die wirklich wie die Erfüllung der Prophezeiung erschien. Aber einstweilen heißt es die, die noch die Stadt bewohnen, lehren, »wie die Welt läuft«. Das ist die Aufgabe des langen Zyklus *Aus einem Lesebuch für Städtebewohner*, dessen Hauptthema sich, wie schon angedeutet, in der Abwertung des Subjekts zusammenfassen läßt. Das *Lesebuch* ist ein Vademecum fürs Überleben, ein Handbuch, das zum *survival kit* des perfekten Bürgers gehört. Wer sich an seine Lehren hält, wer seine harte Lektion lernt, der hat eine

Überlebenschance. Nicht umsonst könnte das einleitende Gedicht, das in jeder Strophe das Gebot des Titels: »Verwisch die Spuren!« wiederholt, zu den Verhaltensregeln für den Untergrundkämpfer in einer besetzten Stadt gehören:

Was immer du sagst, sag es nicht zweimal
Findest du deinen Gedanken bei einem andern:
verleugne ihn.
Wer seine Unterschrift nicht gegeben hat, wer kein Bild
hinterließ
Wer nicht dabei war, wer nichts gesagt hat
Wie soll der zu fassen sein!
Verwisch die Spuren![13]

Im *Lesebuch* tauchen auch wieder für Brechts Nihilismus charakteristische Gedankengänge auf, wie sie häufig in der *Hauspostille* zu finden waren (»Laßt eure Träume fahren . . .«; »Und nicht schlecht ist die Welt / Sondern / Voll«; »Wo alles nicht genügt / Ist nichts genügend«), aber hier ist die Taktik des Sich-gehen-lassens, des Keinen-Widerstandleistens nicht als Aufforderung zu verstehen, in den Tag zu leben, sondern als Rat, eine langfristige Strategie anzuwenden. Was man in *Vom fünften Rad* liest:

Ich weiß, du hörst nicht mehr
Aber
Sage nicht laut, die Welt sei schlecht
Sage es leis.[14]

wird in politischen Worten dem ungeduldigen jungen Genossen der *Maßnahme* wiederholt werden. Was das Thema der Auflösung betrifft, wie es von dem jungen Dichter in *Vom ertrunkenen Mädchen* und im *Choral vom Manne Baal* gesungen wurde, so taucht es im *Lesebuch* in einer typisch stadtgebundenen Situation wieder auf, im Identitätsverlust, der Entfremdung des Stadtbewohners von sich selbst und vom

Nächsten. Daß der Mensch – im wahrsten Sinne des Wortes – zerlumpt ist, reicht noch nicht aus:

Die Wäsche, im Hof zum Trocknen aufgehängt
Ist meine Wäsche, ich erkenne sie gut.
Näher hinblickend, sehe ich
Allerdings
Nähte darinnen und angesetzte Stücke.
Es scheint
Ich bin ausgezogen. Jemand anderes
Wohnt jetzt hier und
Sogar in
Meiner Wäsche.[15]

Die menschliche Trostlosigkeit in der Stadtwelt ist eine, die den Ratgeber selbst erschüttert. Im *Bericht anderswohin* zeigen die Schüler, daß sie ihrem Meister überlegen sind, was Anpassungsfähigkeit an entwürdigende Lebensumstände betrifft:

Aber abends sah ich, daß sie
Auf den Mauern saßen und aßen
Und
Was sie aßen, waren Steine
Und ich sah, sie hatten schläulich
Neue Speis zu essen grad noch
Rechtzeitig gelernt.[16]

Die Ausmaße der von der Großstadt in der Geschichte der Menschheit bewirkten Mutation lassen sich aus dem Bild ersehen, das das biblische Wunder umkehrt: das Brot ist in Stein verwandelt. Es handelt sich um eine Vorstellung von Dauer. Im Sonett *Von Vorbildern* wird wiederholt:

Den Hunger sah ich von Steinen nähren![17]

und in dem bedeutenden Lehrstückfragment *Der Brotladen* spielt sich eine epische Straßenschlacht mit Brötchen ab, »die den Himmel verdunkeln«, während in der rätselhaften Dichtung *Der Steinfischer* das Netz Steine anstelle von Fischen an die Oberfläche bringt, und der Fischer stolz seine Beute den »unglücklichen« Dorfbewohnern zeigt, die ihm zusehen. Vor dem Hintergrund dieser immer wiederkehrenden Metapher kann man vielleicht weitere Feinheiten in der Botschaft erkennen, die Brecht-Laotse seinen Mitbürgern in der *Legende von der Entstehung des Buches Taoteking auf dem Wege des Laotse in die Emigration* hinterlassen hat:

> Daß das weiche Wasser in Bewegung
> Mit der Zeit den mächtigen Stein besiegt.[18]

Alles in allem hat das *Lesebuch* sein Ziel verfehlt, wenn in *Bericht anderswohin* auch davon die Rede ist, daß das Ich sich aus einer undifferenzierten Masse zufriedener Bürger ausschließt:

> Als ich in die neuerbauten
> Städte kam, da kamen mit mir
> Viele, aber als ich wegging aus den
> Neuerbauten, kam nicht einer
> Mit mir weg.[19]

3.

Eine neue, von der Politik beherrschte Phase hebt an. Die Großstadt bestätigt sich auch hier als ausschlaggebender Bezugspunkt sowohl für die moralischen und poetischen Entscheidungen Brechts (»Ausschließlich wegen der zunehmenden Unordnung / In unseren Städten des Klassenkampfs / Haben etliche von uns in diesen Jahren beschlossen . . .«[20]) als auch für die technisch-stilistischen im engeren Sinn. In seinem Aufsatz *Über reimlose Lyrik mit unregelmäßigen Rhythmen* erinnert der Dichter sich, wie stark er vom Rhythmus einer auf einem Demonstrationszug durch vornehme Berliner Stadtviertel gerufenen Parole beeindruckt worden war: »Wir haben Hunger«. Einige Jahre lang – für die Zeit der Lehrstücke und der *Lieder, Gedichte, Chöre* – leiht Brechts Vers den großen Massenbewegungen, die auf die Straße gehen, seine Stimme, und bestätigt damit auch in der veränderten Lage die Gültigkeit der Aussage »In der Asphaltstadt bin ich daheim« (*Vom armen B. B.*). Die weitere poetische Entwicklung Brechts ist bekannt. Das Thema der Stadt macht zusehends den Themen des eigentlichen politischen Kampfes Platz. Mit dem Sieg der Nationalsozialisten breitet sich der in der Stadt zusammengedrängte Gewaltcharakter der zwischenmenschlichen Beziehungen über Deutschland und Europa aus und enthüllt seine wahre Natur als offener Krieg um den Besitz der Waren und der Märkte. Mit der Emigration und dem Krieg macht der antifaschistische Kampf sein Recht im Brechtschen Liederschaffen immer stärker geltend, und erst im amerikanischen Exil wird die kapitalistische Stadt wieder zum Symbol für die Unmenschlichkeit der Verhältnisse, die alles zur Ware degradieren. Bei der Rückkehr sind die Städte ein Trümmerhaufen. Nach einigen Versen auf den Wiederaufbau in Berlin verringern die häufigen Rückschläge, die Brechts Hoffnung auf ein menschengerechtes Zusammenleben erfährt, nach und nach seine Zuversicht, ohne sie allerdings ganz aufzuheben, und die Stadtlandschaft verkümmert oder wird nur als Kontrast zu Gedichten heraufbeschworen, die der Natur, bescheidenen Dingen, kleinen Bäumchen gewidmet sind. Aber auch aus der weniger reichen Periode wird der Leser hier eine breite Auswahl finden, die ihn nicht enttäuschen wird.

Zum Abschluß sei dem Herausgeber erlaubt, die Aufmerksamkeit auf zwei kaum bekannte, an die jüngsten Leser gerichtete Gedichte zu lenken. Man weiß, wie sehr sich Brecht mit Kindern und Jugendlichen beschäftigt hat, so sehr, daß er nicht auf die Meinung Benjamins gehört hat, der befürchtete, daß die Gruppe der *Kinderlieder* das Gleichgewicht der *Svendborger Gedichte* stören würde.[21] In der *Wahren Geschichte vom Rattenfänger von Hameln* ist das Thema der Stadt mit dem der Kindheit und der Verantwortung des Dichters verwoben. Um die Kinder in die Stadt der Zukunft zu bringen, muß der Rattenfänger seine ganze Kunst ausspielen, aber er darf dabei nicht das Ziel aus den Augen verlieren, die Kinder zu retten. Wenn er dem Zauber seines Lieds nachgibt, »zu hübsch, zu lang, zu wunderbar«, dann bedeutet das für die Kinder die Rückkehr in die Gefängnis-Stadt und für den Künstler den Galgen. Mehr als ein Indiz spricht dafür, daß Brecht dieses Urteil für angemessen hielt, auch wenn er dem Gericht sicher die Legitimation aberkannte. Denn wenn der Rattenfänger sich selbst folgt, verrät er seine moralische Sendung, wenn er der Schönheit nachgibt, wird er zum Komplizen einer blutigen, gewalttätigen Welt, die ihr eigenes So-Sein verteidigt, indem sie nicht nur das Lied erstickt, sondern es auch verabsolutiert. Aus diesem Grund richtet sich in *Adresse des sterbenden Dichters an die Jugend* der »Dichter« an die Jugend, die das Erbe ohnmächtiger Erwachsener und verlorener Kindergenerationen antritt, deren Leib und Seele von der »zermalmenden Wucht der Städte« verstümmelt worden ist und die so oft von den Dichtern verraten wurden:

Also verbleibt mir, der ich mein Leben
So vergeudet habe, nur, euch aufzufordern
Kein Gebot zu achten, das aus unserem
Faulen Maule kommt und keinen
Rat entgegenzunehmen von denen, die
So versagt haben, sondern
Nur aus euch heraus zu bestimmen, was euch
Gut ist und euch
Hilft, das Land zu bebauen, das wir verfallen ließen, und
Die wir verpesteten, die Städte
Bewohnbar zu machen.[22]

F. B.

Bari, September 1977

Anmerkungen

1 Ch. Baudelaire, *Les fleurs du mal,* in *Œuvres complètes*, Paris 1964, S. 72.

2 B. Brecht, *Gesammelte Werke,* Werkausgabe in 20 Bänden, Frankfurt am Main 1967, Bd. VIII, S. 314.

3 Brecht, a.a.O., Bd. XIX, S. 325.

4 J. van Hoddis, *Weltende,* in *Gedichte des Expressionismus*, herausgegeben von D. Bode, Stuttgart 1967, S. 67-68.

5 W. Benjamin, *Gesammelte Schriften,* herausgegeben von R. Tiedemann und H. Schweppenhäuser, Frankfurt am Main 1974, Bd. I, 2, S. 668.

6 Brecht, a.a.O., Bd. VIII, S. 288.

7 Brecht, a.a.O., Bd. I, S. 158.

8 Brecht, a.a.O., Bd. VIII, S. 131.

9 Benjamin, *Denkbilder,* a.a.O., Bd. IV, 1, S. 383.

10 Brecht, a.a.O., Bd. VIII, S. 215.

11 Brecht, a.a.O., Bd. XII, S. 515.

12 Benjamin, a.a.O., Bd. I, 2, S. 582.

13 Brecht, a.a.O., Bd. VIII, S. 268-69.

14 Brecht, a.a.O., Bd. VIII, S. 269.

15 Brecht, a.a.O., Bd. VIII, S. 281.

16 Brecht, a.a.O., Bd. VIII, S. 280.

17 Brecht, a.a.O., Bd. VIII, S. 312.

18 Brecht, a.a.O., Bd. IX, S. 661.

19 Brecht, a.a.O., Bd. VIII, S. 279.

20 Brecht, a.a.O., Bd. IX, S. 519.

21 Vgl. Benjamin, *Gespräche mit Brecht. Svendborger Notizen,* in W. B., *Versuche über Brecht,* herausgegeben und mit einem Nachwort versehen von R. Tiedemann, Frankfurt am Main 1967, S. 133-35.

22 Brecht, a.a.O., Bd. X, S. 942.

Quellennachweis

Wenn nicht anders angegeben, folgen die Texte der Werkausgabe Bertolt Brecht, *Gesammelte Werke*, 20 Bände, © Copyright Suhrkamp Verlag, Frankfurt am Main 1967. Die römischen und arabischen Ziffern verweisen auf die Bände beziehungsweise die Seiten der zitierten Werkausgabe.

Vom armen B. B., VIII, 261-3; O Falladah, die du hangest!, VIII, 61-2; Politische Betrachtungen, VIII, 89; Bidis Ansicht über die großen Städte, VIII, 128-9; Von der zermalmenden Wucht der Städte, VIII, 129-30; Von den Resten älterer Zeiten, VIII, 131; Immer noch, wenn schon der achte Autotyp, VIII, 131-2; Komm mit mir nach Georgia, VIII, 135-6; Mahagonnygesang Nr. 4, VIII, 136 bis 7; Über den Einzug der Menschheit in die großen Städte zu Beginn des dritten Jahrtausends, VIII, 143-4; Lied einer Familie aus der Savannah, VIII, 144-5; Achttausend arme Leute kommen vor die Stadt, VIII, 148-9; Diese Babylonische Verwirrung, VIII, 149-51; Letzte Hoffnung, VIII, 151-2; Über den Ohm, VIII, 152-3; Das Entsetzen, arm zu sein, VIII, 156-7; Morgendliche Rede an den Baum Griehn, VIII, 186-7; Lied am Schwarzen Samstag in der elften Stunde der Nacht vor Ostern, VIII, 213-4; Über die Städte, VIII, 215; Mahagonnygesang Nr. 1, VIII, 243-4; Gott in Mahagonny = Mahagonnygesang Nr. 3, VIII, 244-6 (der Titel stammt aus: Bertolt Brecht, Selected Poems, Translation and Introduction by H. R. Hays, Reynal & Hitchcock, New York 1947, S. 78); Aus einem Lesebuch für Städtebewohner (1-9), VIII, 267-76; Wenn ich mit dir rede = Me-tis Strenge, XII, 498; Zum Lesebuch für Städtebewohner gehörige Gedichte (1-21), VIII, 277-95; Über die Städte (3), Bertolt Brecht, Gedichte IX, © Copyright Stefan S. Brecht 1965, Suhrkamp Verlag, Frankfurt am Main 1965, S. 140; Über die Städte (4), Gedichte IX, a.a.O., S. 140; Wenig würde genügen, VIII, 306; Lied eines Mannes in San Francisco, VIII, 306; Über das Frühjahr, VIII, 314; Die drei Soldaten und der Klassenkampf, VIII, 360-2; Der Traum der Johanna, II, 733-4; Wohin zieht ihr?, VIII, 365-6; Das Lied der Obdachlosen, VIII, 366-7; Die Nachtlager, VIII, 373-4; Gesang der Reiskahnschlepper, II, 640-2; Der Bauer kümmert sich um seinen Acker, VIII, 418; Verschollener Ruhm der Riesenstadt New York, IX, 475-83; Viele sind für die Ordnung, IX, 491; Warum sollten wir uns deiner schämen?, IX, 515; Der Nachbar, IX, 515-6; Ausschließlich wegen der zunehmenden Unordnung, IX, 519; Die Medea von Lodz, IX, 519-20; Die Hölle der Enttäuscher, IX, 532; Hier ist Öl! Öl ist hier!, IX, 530; Wieder zerfallen die Werke von Menschenhand, IX, 530-1; Untergang der Städte Sodom und Gomorrha, IX, 533; Der Orangenkauf, IX, 540; Naturgedichte, IX, 579-80; Alljährlich im September, wenn die Schulzeit beginnt, IX, 581; Die ärmeren Mitschüler aus den Vorstädten, IX, 581-2; Die große Decke, IX, 618; Über den Verfall der Liebe, IX, 625; Ballade von der »Judenhure« Marie Sanders, IX, 641-2; Der Pflaumenbaum, IX, 647; Inbesitznahme der großen Metro durch die Moskauer Arbeiterschaft am 27. April 1935, IX, 673-5; An die Nachgeborenen, IX, 722-5; Über Deutschland, IX, 752; Die wahre Geschichte vom Rattenfänger von Hameln, IX, 802-3; Nachdenkend über die Hölle, X, 830; Die Landschaft des Exils, X, 830-1; Angesichts der Zustände in dieser Stadt, X, 832; Junger Mann auf der Rolltreppe, X, 847-8; Hollywood, X, 848; Hollywood-Elegien, X, 849-50; Liefere die Ware!, X, 851; Gezeichnete Geschlechter, X, 855; Rückkehr, X, 858; Bericht des Sohnes, X, 876; Städtische Landschaft, X, 877-9; E. P. Auswahl seines Grabsteins, X, 879; Adresse des sterbenden Dichters an die Jugend, X, 940-2; Grabschrift für Karl Liebknecht, X, 958; Als unsere Städte in Schutt lagen, X, 960; Die Pappel vom Karlsplatz, X, 975; Nachkriegsliedchen, X, 976; O Venezia!, X, 1001; Große Zeit, vertan, X, 1010; Bei der Lektüre eines spätgriechischen Dichters, X, 1016; Der Steinfischer, Selected Poems, a.a.O., S. 144; Oh, ihr Unglücklichen!, IV, 1536; Epilog, Gedichte IX, a.a.O., S. 81.

Bertolt Brecht in Suhrkamp Verlag

Bertolt Brecht Gesammelte Werke

Werkausgabe in 20 Bänden
Herausgegeben vom Suhrkamp Verlag in Zusammenarbeit mit Elisabeth Hauptmann. Neu durchgesehene und neu geordnete Ausgabe. Leinenkaschiert. Kassette.

Aufbau der Bände.
Bände 1-7 Stücke, Bearbeitungen, Einakter, Fragmente. 8-10 Gedichte, 11-14 Geschichten, Romane, *Me-Ti, Tui, Flüchtlingsgespräche.* 15-17 Schriften 1 (zum Theater), 18-20 Schriften 2 (zur Literatur, Kunst, Politik und Gesellschaft).

Dünndruckausgabe in 8 Bänden

Herausgegeben vom Suhrkamp Verlag in Zusammenarbeit mit Elisabeth Hauptmann. Neu durchgesehene und neu geordnete Ausgabe. Leinen und Leder. Kassette.

Aufbau der Bände:
Bände 1-3 Stücke, Bearbeitungen, Einakter, Fragmente. 4 Gedichte. 5-6 Geschichten, Romane, *Me-Ti, Tui, Flüchtlingsgespräche.* 7-8 Schriften (zum Theater, zur Literatur, Kunst, Politik und Gesellschaft).

Beide Ausgaben präsentieren das Gesamtwerk Brechts neu und handlich. Alle Texte wurden neu durchgesehen; die Anmerkungen enthalten werkgeschichtliche Fakten und die Änderungen gegenüber früheren Ausgaben. Zum ersten Mal werden veröffentlicht: Der *Tui*-Roman, *Turandot oder Der Kongreß der Weißwäscher,* acht Fragmente, etwa 250 Seiten Schriften zur Politik und Gesellschaft. Die Texte beider Ausgaben sind identisch. Die Bände weichen voneinander ab in der Einteilung sowie im Format, in der Ausstattung und im Preis.
Supplementbände für beide Ausgaben:
Bertolt Brecht: Texte für Filme, Drehbücher, Protokolle, Exposés, Szenarien.

Erste Gesamtausgabe in 41 Bänden
Gedichte, Bd. 1-10
Prosa, Bd. 1-5
Schriften zur Literatur und Kunst I, Bd. 1-3
Schriften zur Politik und Gesellschaft
Schriften zum Theater, Bd. 1-7
Stücke, Bd. 1-14
(die Ausgabe ist nur noch begrenzt lieferbar)

Einzelausgaben
Arbeitsjournal 1938-1955 (auch in 2 Supplementbänden zur Werkausgabe) Tagebücher 1920-1922. Autobiographische Aufzeichnungen 1920-1954 Texte für Filme (Supplementband zur Dünndruckausgabe, 2 Supplementbände zur Werkausgabe)
Versuche 1-15. Reprint 1977. 4 Bde. in Kassette
Bertolt Brecht – Sein Leben und Werk in Bildern und Texten
Bertolt Brecht singt. Schallplatte
Leben Brechts in Wort und Bild

Bibliothek Suhrkamp
Bertolt Brechts Gedichte und Lieder · Bertolt Brechts Hauspostille · Buckower Elegien · Dialoge aus dem Messingkauf · Die Bibel und andere frühe Einakter · Flüchtlingsgespräche · Geschichten · Me-ti. Buch der Wendungen · Politische Schriften · Schriften zum Theater · Svendborger Gedichte · Turandot oder Der Kongreß der Weißwäscher · Über Klassiker.

edition suhrkamp
Aufstieg und Fall der Stadt Mahagonny · Ausgewählte Gedichte · Baal. Drei Fassungen · Baal. Der böse Baal der asoziale. Texte, Varianten, Materialien · Das Verhör des Lukullus · Der aufhaltsame Aufstieg des Arturo Ui · Der Brotladen. Ein Stückfragment. Die Bühnenfassung und Texte aus dem Fragment · Gesammelte Gedichte. Band 1-4 · Der gute Mensch von Sezuan · Materialien zu ›Der gute Mensch von Sezuan‹ · Der Jasager und Der Neinsager. Vorlagen, Fassungen und Materialien · Der kaukasische Kreidekreis · Materialien zu ›Der kaukasische Kreidekreis‹ · Der Tui-Roman · Die Antigone des Sophokles. Materialien zur ›Antigone‹ · Die Dreigroschenoper · Die Geschäfte des Herrn Julius Caesar · Die Gesichter der Simone Machard · Die heilige Johanna der Schlachthöfe · Materialien zu ›Die heilige Johanna der Schlachthöfe‹ · Die Maß-

nahme. Kritische Ausgabe mit Spielanleitung · Die Mutter · Materialien zu ›Die Mutter‹ (nach Gorki) · Die Mutter. Regiebuch der Schaubühnen-Inszenierung · Die Tage der Commune · Drei Lehrstücke. Das Badener Lehrstück vom Einverständnis. Die Rundköpfe und die Spitzköpfe. Die Ausnahme und die Regel · Furcht und Elend des Dritten Reiches · Gedichte und Lieder aus Stücken · Gespräche und Diskussionen mit Brecht. Protokolle · Herr Puntila und sein Knecht Matti · Im Dickicht der Städte. Fassungen und Materialien · Kuhle Wampe. Protokoll des Films und Materialien · Leben des Galilei · Materialien zu ›Leben des Galilei‹ · Leben Eduards des Zweiten von England. Vorlage, Texte und Materialien · Mann ist Mann · Mutter Courage und ihre Kinder · Materialien zu ›Mutter Courage und ihre Kinder‹ · Schweyk im zweiten Weltkrieg · Materialien zu ›Schweyk im zweiten Weltkrieg‹ · Trommeln in der Nacht · Über den Beruf des Schauspielers · Über Lyrik · Über Politik auf dem Theater · Über Politik und Kunst · Über Realismus · Brechts Modell der Lehrstücke. Zeugnisse, Diskussion, Erfahrung · Auf Anregung Bertolt Brechts: Lehrstücke mit Schülern, Arbeitern, Theaterleuten · Tagebücher 1920-1922 · Die Gewehre der Frau Carrar · Ozeanflug / Die Horatier und die Kuriatier / Die Maßnahme.

suhrkamp taschenbücher
Bertolt Brechts Dreigroschenbuch · Frühe Stücke. Baal. Trommeln in der Nacht. Im Dickicht der Städte · Gedichte. Ausgewählt von Autoren · Geschichten vom Herrn Keuner · Schriften zur Politik und Gesellschaft · Gedichte für Städtebewohner.

Über Bertolt Brecht
Brecht-Jahrbuch 1974. *edition suhrkamp 758*
Brecht-Jahrbuch 1975. *edition suhrkamp 797*
Brecht-Jahrbuch 1976. *edition suhrkamp 853*
Brecht-Jahrbuch 1977. *edition suhrkamp 906*
Brecht-Jahrbuch 1978. *edition suhrkamp 956*
Brecht-Jahrbuch 1979. *edition suhrkamp 989*
Franco Buono, Zur Prosa Brechts. Aufsätze. *suhrkamp taschenbuch 88*
Herbert Claas, Die politische Ästhetik Bertolt Brechts. Vom Baal zum Caesar. *edition suhrkamp 832*
Frederic Ewen, Bertolt Brecht. Sein Leben, sein Werk, seine Zeit. *suhrkamp taschenbuch 141*
Werner Hecht, Sieben Studien über Brecht. *edition suhrkamp 570*
– Brecht im Gespräch. Diskussionen, Dialoge, Interviews. *edition suhrkamp 771*

James K. Lyon, Bertolt Brecht und Rudyard Kipling. *edition suhrkamp 804*

Hans Mayer, Anmerkungen zu Brecht. *edition suhrkamp 143*

– Brecht in der Geschichte. Drei Versuche. *Bibliothek Suhrkamp 284*

Carl Pietzcker, Die Lyrik des jungen Brecht. Vom anarchischen Nihilismus zum Marxismus

Antony Tatlow, Brechts chinesische Gedichte

Theaterarbeit. 6 Aufführungen des Berliner Brecht-Ensembles. Mit zahlreichen Fotos

Brecht in Augsburg. Erinnerungen, Texte, Fotos. Eine Dokumentation von Werner Frisch und K. W. Obermeier unter Mitarbeit von Gerhard Schneider. *suhrkamp taschenbuch 297*

Brechts ›Kreidekreis‹, ein Revolutionsstück. Eine Interpretation von Betty Nance Weber. Mit Texten aus dem Nachlaß. *edition suhrkamp 928*

st 607 E. M. Cioran
Syllogismen der Bitterkeit
Aus dem Französischen übersetzt und für die neue Auflage bearbeitet von Kurt Leonhard
104 Seiten
»Was diese Aphorismen zusammenhält, ist nicht eine Lehre, ein Denksystem, ... sondern es ist etwas schwer zu Definierendes; die Vitalität, das Lebensgefühl aus Einsamkeit, die konsequente, in ihrem Ernst an Verzweiflung grenzende Lebenshaltung, aber auch die Humanität, der Charme und die Liebenswürdigkeit einer großen Persönlichkeit.« *Süddeutsche Zeitung*

st 609 Edward Bulwer Lytton
Das kommende Geschlecht
Roman
Aus dem Englischen von Michael Walter
Phantastische Bibliothek Band 42
162 Seiten
»Dies ›the coming race‹ wäre gar nicht so leicht zu übersetzen. Es ist nämlich nicht nur ›Eine Menschheit der Zukunft‹ darin; sondern auch die Warnung des ›Die da bald kommen!‹: die Vrilya verfügen über eine Art psychischer Atomkraft, mit der sie uns Überirdische vernichten werden ... Einer der trüberen Aspekte jener Neuen Gesellschaft ist der: daß keine rechten Kunstwerke mehr entstehen wollen ...« *Arno Schmidt*

st 610 Ulrich Plenzdorf
Karla/Der alte Mann, das Pferd, die Straße
Texte zu Filmen
168 Seiten
Karla, jung wie eine Schülerin, naiv bis zur Kindlichkeit, ehrlich bis zum Fanatismus, gerät in einen eingefahrenen, bewährten und belobigten Schulbetrieb. Es bleibt nicht

aus: Karlas naiv-direktes Ehrlichkeitsprogramm kollidiert mit den verwickelten Tatsachen und Motiven des Alltags. – Der alte Mann ist ein siebzigjähriger Bauer. An einem Wintertag soll er ein Pferd, »den unnützen Fresser«, in die Stadt zum Schlachthof bringen. Auf dem Weg zur Stadt werden die Erinnerungen, Enttäuschungen und Träume eines bitteren Lebens beschworen.

st 611 Felix Timmermans
Der Heilige der kleinen Dinge
und andere Erzählungen
Aus dem Flämischen von Friedrich Markus Huebner, Karl Jacobs, Anton Kippenberg, Peter Mertens, Anna Valeton-Hoos
294 Seiten
Die Romangestalt Pallieter (st 400) hat Timmermans in der ganzen Welt berühmt gemacht. Das *Jesuskind in Flandern* nannte die Kritik sein schönstes Buch. Und nicht wegzudenken aus dem Werk des flämischen Dichters sind seine zauberischen, seine liebevollen Geschichten, deren Güte und Gläubigkeit sie uns märchenhaft entrücken.

st 612 Martin Walser
Ein Flugzeug über dem Haus
und andere Geschichten
120 Seiten
»Hier ist Walser schon ganz er selbst, hier erfüllt er die Forderung, die der sehr alte Goethe einst an die jungen Dichter seiner Zeit gerichtet hat: ›Poetischer Gehalt aber ist Gehalt des eigenen Lebens‹.« *Süddeutsche Zeitung*

st 613 Karin Struck
Trennung
Erzählung
150 Seiten
»Karin Struck ist in allem, was sie schreibt, intensiv. Sie fordert auf, fordert heraus. ... Auf der hilflos anmutenden Suche nach einer Utopie ist eigentlich ein jeder bei Karin Struck begriffen. Ihre Vehemenz fordert das, und ihre Personen haben sich dieser Absicht einzufügen. So entsteht bei ihr Spannung bis zum Zerreißen, bis zur Hingabe, Selbtsaufgabe oder Widerstandleisten, bis zum ohnmächtigen Erleiden.« *Karl Krolow*

st 614 Walker Percy
Liebe in Ruinen
Die Abenteuer eines schlechten Katholiken kurz vor dem Ende der Welt
Aus dem Amerikanischen von Hanna Muschg
442 Seiten
Der Held, Thomas More, Arzt und Alkoholiker, der sich als schlechten Katholiken bezeichnet, lebt mit drei schönen Frauen in der Vorstadt Paradise, wo er das Ende der Welt erwartet. Als später Descartes erfand er den Lapsometer, mit dessen Hilfe er den jeweiligen Grad der Entfremdung des Menschen von sich selbst feststellt. Nur eines gelang ihm bisher nicht: das Instrument mit seinen diagnostischen Fähigkeiten für Heilzwecke zu vervollkommnen.

st 615 Mircea Eliade
Bei den Zigeunerinnen
Phantastische Geschichten
Aus dem Rumänischen von Edith Silbermann
342 Seiten
»Was bei Eliade so anzieht, so entzückt, ist eine Heiterkeit, die hoffnungsvolle Ruhe, die jede außergewöhnliche, eigentlich Furcht erregende Begebenheit nicht ins Gräßliche wendet, sondern ins Helle, recht eigentlich Beruhigte.« *Süddeutsche Zeitung*

st 616 Kasimir Edschmid
Geord Büchner. Eine deutsche Revolution
544 Seiten
Roman
»... ein Meisterwerk der deutschen Literatur im zwanzigsten Jahrhundert, einer der großen historischen Romane Deutschlands, ... der die politische Tragik, die ewig gescheiterten Kämpfe um die Wiederherstellung der Freiheit und der Menschenwürde des armen, ewig geschlagenen deutschen Volkes beschreibt, das durch die Jahrhunderte so töricht der tumbe Michel war, seine dümmsten Tyrannen auf den Thron zu heben und seine klügsten Volksfreunde in den Staub zu treten oder ins Exil zu schicken.« *Hermann Kesten*

st 618 Helm Stierlin
Eltern und Kinder
Das Drama der Trennung und Versöhnung im Jugendalter
Aus dem Englischen von Ellen Katharina Reinke und Wolfgang Köberer
272 Seiten
Auch bei anscheinend radikalen Trennungen heranwachsender Kinder von ihren Eltern bleiben unsichtbare Bindungen bis ans Lebensende weiterbestehen. Bindungen, in die u. a. Gefühle der Dankbarkeit, Rache, Scham und Schuld, der Verpflichtung und Beauftragung sowie ein Verlangen nach Wiedergutmachung und nach vorenthaltener Gerechtigkeit einfließen können.

st 619 Antike Geisteswelt
Eine Sammlung klassischer Texte
Auswahl und Einführungen von Walter Rüegg
694 Seiten
»Die vorliegende Auswahl bietet dem der Antike Vertrauten wenig bekannte Texte und neue Gesichtspunkte, dem Leser, der erst beginnt, die Welt der Antike in seine Bildung einzubeziehen, eine Grundlage, um mit der Antike vertraut zu werden: sie wird ihn einführen in die gewaltigen Katakomben unserer geschichtlichen Existenz.«
helvetia archaeologica

st 628 Georg W. Alsheimer
Eine Reise nach Vietnam
224 Seiten
Alsheimer kehrt in seine »Wahlheimat« zurück. Die Narben des amerikanischen Alptraums sind noch allgegenwärtig. So gerät die Konfrontation des Damals mit dem Heute zunächst zu einem Verfolgungswahn. Erst als er durch das Vertrauen seiner Freunde das Damals mit dem Heute verknüpfen kann, verwandeln sich in dieser Krise seines politischen Credos die gläubigen Visionen in einen gemäßigten, kritischen Optimismus. Den Prozeß, der zu dieser Einsicht führte, protokolliert Alsheimer in diesem Reisetagebuch. Alsheimers *Vietnamesische Lehrjahre* liegen als st 73 vor.

st 629 Wie der Teufel den Professor holte
Science-fiction-Erzählungen aus POLARIS 1
Phantastische Bibliothek Band 37
132 Seiten
Der Band enthält Erzählungen von Stanisław Lem, Gérard Klein, Kurd Laßwitz, Fitz-James O'Brien, Vladimir Colin.

st 630 Das Mädchen am Abhang
Science-fiction-Erzählungen aus POLARIS 2
Phantastische Bibliothek Band 38
178 Seiten
Der Band enthält Erzählungen von Wadim Schefner, Sewer Gansowski, Arkadi und Boris Strugatzki, Ilja Warschawski.

st 631 Der Weltraumfriseur
Science-fiction-Erzählungen aus POLARIS 3
Phantastische Bibliothek Band 39
144 Seiten
Der Band enthält Erzählungen von Josef Nesvadba, Gerd Ulrich Weise, Sven Christer Swahn, Vladimir Colin, Frigyes Karinthy.

st 632 Die Büßerinnen aus dem Gnadenkloster
Phantastische Erzählungen aus PHAÏCON 2
Herausgegeben und mit einem Vorwort von
Rein A. Zondergeld
Phantastische Bibliothek Band 40
122 Seiten
Der Band enthält Erzählungen von Joseph Sheridan Le Fanu, Erckmann-Chatrian, Jean-Louis Bouquet, Julio Cortázar, Manfred Wirth, Jörg Krichbaum.

st 637 Gerlind Reinshagen
Das Frühlingsfest
Elsas Nachtbuch. Annäherungen. Ein Stück
170 Seiten
Nach dem szenischen Panorama des Nazi-Deutschlands im Stück *Sonntagskinder* richtet die Autorin hier den Blick auf Neuaufbau und Restauration.

st 638 Birgit Heiderich
Mit geschlossenen Augen
Tagebuch
136 Seiten

Am Anfang die Trennung von einem Mann, am Ende die Übersiedlung aus dem ungebunden sich entfaltenden in ein geregeltes Arbeitsleben. Das Tagebuch erzählt die Geschichte zahlreicher Beziehungen zu Männern und Frauen. In dichtem Zusammenhang werden Erlebnisse, Geschichten, Beobachtungen notiert. Birgit Heiderichs Tagebuch ist reich an Apercus und an Reflexionen über Liebe, Sehnsucht, Trauer, Verzweiflung, über Frausein, Weiblichkeit, aber auch über gesellschaftliche Differenzen, es enthält Beschreibungen und Gedichte.

st 639 Herbert Gall
Deleatur
Notizen aus einem Betrieb
216 Seiten
Eine Druckerei gerät durch Modernisierung und Rationalisierung in eine Krise, der Besitzer versucht, durch Entlassungen und Verstärkung des Arbeitsdrucks ihrer Herr zu werden. Der Korrektor Herbert Gall, als empfindlicher Intellektueller in industrielle Arbeitsverhältnisse geraten, setzt sich durch das rückhaltlose, nämlich auch ihn selbst nicht schonende Aufschreiben gegen Leiden und Abstumpfung zur Wehr. »Der hier beschriebenen Arbeitsform . . . sei zum Schluß ein lateinisches Wörtchen gewidmet, ein Korrekturzeichen, mit dem Falsches markiert wird, das aus einem Text entfernt werden soll: *Deleatur* – sie möge zerstört werden.«

st 683 Marieluise Fleißer
Der Tiefseefisch
Text. Fragmente. Materialien
Herausgegeben von Wend Kässens und Michael Töteberg
188 Seiten
Der Tiefseefisch gibt ein satirisches Portrait von Bertolt Brecht als literarischem Bandenführer; zugleich ist das Stück ein Ehedrama: Fleißers Verbindung mit dem konservativen Publizisten Hellmut Draws-Tychsen. Dieser Band veröffentlicht erstmals die erhalten gebliebene erste Fassung des Stücks sowie Fragmente und Arbeitsnotizen. In einem Nachwort erläutern die Herausgeber den zeitgenössischen literarischen Kontext und geben Interpretationsansätze für die heutige Aktualität des Dramas.

Alphabetisches Gesamtverzeichnis der suhrkamp taschenbücher